NCS
서민금융진흥원

직업기초능력평가

초판 발행   2020년 5월 27일
2쇄 발행   2021년 3월 26일

편 저 자 | 취업적성연구소
발 행 처 | ㈜서원각
등록번호 | 1999-1A-107호
주   소 | 경기도 고양시 일산서구 덕산로 88-45(가좌동)
교재주문 | 031-923-2051
팩   스 | 031-923-3815
교재문의 | 카카오톡 플러스 친구[서원각]
영상문의 | 070-4233-2505
홈페이지 | www.goseowon.com
책임편집 | 김원갑
디 자 인 | 이규희

PREFACE

우리나라 기업들은 1960년대 이후 현재까지 비약적인 발전을 이루었다. 이렇게 급속한 성장을 이룰 수 있었던 배경에는 우리나라 국민들의 근면성 및 도전정신이 있었다. 그러나 빠르게 변화하는 세계 경제의 환경에 적응하기 위해서는 근면성과 도전정신 이외에 또 다른 성장 요인이 필요하다.

최근 많은 공사·공단에서는 기존의 직무 관련성에 대한 고려 없이 인·적성, 지식 중심으로 치러지던 필기전형을 탈피하고, 산업현장에서 직무를 수행하기 위해 요구되는 능력을 산업부문별·수준별로 체계화 및 표준화한 NCS를 기반으로 하여 채용공고 단계에서 제시되는 '직무 설명자료'상의 직업기초능력과 직무수행능력을 측정하기 위한 직업기초능력평가, 직무수행능력평가 등을 도입하고 있다.

서민금융진흥원에서도 업무에 필요한 역량 및 책임감과 적응력 등을 구비한 인재를 선발하기 위하여 NCS 기반의 필기시험을 치르고 있다. 본서는 서민금융진흥원 신입사원 채용대비를 위한 필독서로 서민금융진흥원 직업기초능력평가 출제경향을 철저히 분석하여 응시자들이 보다 쉽게 시험유형을 파악하고 효율적으로 대비할 수 있도록 구성하였다.

신념을 가지고 도전하는 사람은 반드시 그 꿈을 이룰 수 있습니다. 처음에 품은 신념과 열정이 취업 성공의 그 날까지 빛바래지 않도록 서원각이 수험생 여러분을 응원합니다.

STRUCTURE

01 의사소통능력

1 의사소통과 의사소통능력

(1) 의사소통
① 개념 : 사람들 간에 생각이나 감정, 정보, 의견 등을 교환하는 총체적인 행위로, 직장생활에서의 의사소통 ... 뒤의 효율성과 효과성을 성취할 목적으로 이루어지는 구성원 간의 정보와 지식 전달 ...
... 나가는 집단 내의 기본적 존재 기반이며 성과를 결정하는 핵심 기능이다.

(2) 의사소통능력
① 개념 : 의사소통능력은 직장생활에서, 토론 등 확하게 표현하는 능력, 간단한 외국어 ...
② 의사소통능력 개발을 위한 방법
  ㉠ 사후검토와 피드백을 활용한다.
  ㉡ 명확한 의미를 가진 이해하기
  ㉢ 적극적으로 경청한다.
  ㉣ 메시지를 감정적으로 곡해 ...

... 에서 문서나 상대방이 하는 말의 의미를 파악하는 능력. 자신의 의사를 정 ...
... 외국어 자료를 읽거나 외국인의 의사표시를 이해하는 능력을 포함한다.
... 위한 방법
  ... 피드백을 활용한다.
  ㉡ 명확한 의미를 가진 이해하기 쉬운 단어를 선택하여 이해도를 높인다.
  ㉢ 적극적으로 경청한다.
  ㉣ 메시지를 감정적으로 곡해하지 않는다.

16 » PART Ⅱ. NCS직업기초능력평가

01 실전 모의고사

의사소통능력 [30문항]

1 다음의 밑줄 친 단어의 의미와 동일하게 쓰인 것을 고르시오.

> 기획재정부는 26일 ○○센터에서 '2017년 지방재정협의회'를 열고 내년도 예산안 편성 방향과 지역 현안 사업을 논의했다. 이 자리에는 17개 광역자치단체 부단체장과 기재부 예산실장 등 500여 명이 참석해 2018년 예산안 편성 방향과 약 530건의 지역 현안 사업에 대한 협의를 진행했다.
> 기재부 예산실장은 "내년에 정부는 일자리 창출, 4차 산업 혁명 대응, 저출산 극복, 양극화 완화 등 4대 핵심 분야에 예산을 집중적으로 투자할 계획이라며 이를 위해 신규 사업 관리 강화 등 10대 재정 운용 전략을 활용, 재정 투자의 효율성을 높여갈 것"이라고 밝혔다. 이어 각 지방자치단체에서도 정부의 예산 편성 방향에 부합하도록 사업을 신청해 달라고 요청했다.
> 기재부는 이날 논의한 지역 현안 사업이 각 부처의 검토를 거쳐 다음달 26일까지 기재부에 신청되면, 관계 기관의 협의를 거쳐 내년도 예산안에 반영한다.

① 학생들은 초등학교부터 중학교, 고등학교를 거쳐 대학에 입학하 ...
② 가장 어려운 문제를 해결했으니 이제 특별히 거칠 문제는 ...
③ 이번 출장 때는 독일 베를린을 거쳐 오스트리아 반을 ...
④ 오랜만에 뒷산에 올라 보니, 무성하게 자란 취덩굴 ...
⑤ 일단 기숙사 학생들의 편지는 사감 선생님의 손을 ...

102 » PART Ⅲ. 실전 모의고사

NCS직업기초능력

영역별 핵심이론을 체계적으로 정리하고 수험생의 실력을 단기간에 효율적으로 향상시킬 수 있도록 다양한 유형의 문제들을 최다 수록하였습니다.

실전 모의고사

실제 시험과 동일한 문항수로 모의고사를 수록하여 실전 대비가 가능합니다.

면접

성공취업을 위한 면접의 기본과 면접기출을 수록하여 취업의 마무리까지 깔끔하게 책임집니다.

CONTENTS

PART

I

서민금융진흥원 소개

01 기업소개 및 채용안내

1 기업소개

(1) 비전 및 전략

① 경영목표 … 서민 · 취약계층의 삶을 보듬는 서민금융 지원

② 미션 및 비전

미션	서민의 금융생활 및 경제적 자립 지원을 통해 경제 · 사회의 균형 있는 발전에 기여
비전	포용금융을 현장에서 뒷받침하는 서민금융 종합상담기구

③ 핵심 가치 … H/O/P/E(서민에게 희망을)

HEART	OPEN	PROFESSIONAL	ETHICS
진심	소통	전문성	윤리

④ 업무 추진 방향

전략목표	전략과제
금융교육 및 종합상담을 통한 저신용 예방	• 서민 · 취약계층 금융이해력 상승 • 언제 어디서든 편리한 상담을 받을 수 있는 서민금융 채널 • 맞춤형 관리방안을 제시하는 종합상담
서민 · 취약 계층 맞춤형 금융 · 자활 서비스	• 금융지원을 통한 이자부담 경감 • 자활지원을 통한 취약계층 자립 • 촘촘한 서민금융 상품망 구축을 통한 자금수요 해소
서민금융 이용고객의 제도권 금융 이용 지원	• 서민 · 취약계층의 신용도 상승을 위한 신용 · 부채 관리 • 구상채무 연체자 재기 • 핀테크 등 민간 금융회사와 협업 활성화
서민들의 아픔을 이해하고 미래를 함께 만드는 현장 중심 경영	• 서민금융 전문역량 및 정보보안 강화 • 고객 및 현장접점 직원 중심의 현장경영 • 안정적인 재원 확보 및 재무건전성 제고

(2) 서민금융생활지원

① **맞춤대출서비스** … 대출에 필요한 정보를 입력하면 다양한 금융회사의 대출상품을 한번에 쉽고 빠르게 비교하고 신청 할 수 있는 대출정보 종합 플랫폼

② **금융·복지 양방향서비스** … 전국 3,500개 읍면동 주민센터와 전산연계(사회보장정보시스템)를 통해 서금원 이용자 중 복지서비스가 필요한 경우, 주민센터로 신청

③ **1397서민금융콜센터** … 전화 한 통으로 내게 맞는 서민금융 상품을 안내

④ **이동상담**
  ㉠ **맞춤대출** : 은행, 저축은행, 카드사, 캐피탈 등 70여 개 금융사에서 제공 하는 다양한 한도와 금리의 대출상품을 한 번에 비교하고 가장 적합한 상품을 안내
  ㉡ **재무상담** : 무료 신용등급 조회 서비스를 이용하여, 현재의 재무상태를 진단
  ㉢ **복지상담** : 주민센터 등에 직접 찾아가야 하는 번거로움 없이 정부와 지자체에서 제공하는 복지제도를 상담·신청·지원
  ㉣ **기타 서민생활 지원** : 취업알선, 컨설팅, 금융교육 등 다양한 서민생활 지원 서비스 제공

⑤ **취업지원 서비스**
  ㉠ **구직자 취업지원** : 실직, 폐업, 소득부족 등으로 구직을 원하는 서민에게 1:1 맞춤형 취업지원 상담을 진행, 조기에 취업토록 지원
  ㉡ **구인기업 채용지원** : 사업장 및 기업에 필요한 인재를 채용하고자 하는 사업주를 대상으로 채용지원
  ㉢ **고용보조금 및 취업성공수당** : 사업주에게는 채용에 따른 기업부담금을 줄일 수 있고, 대상 구직자에게는 취업 확률을 높일 수 있는 무기로 사용할 수 있는 제도

⑥ **자영업 컨설팅** … 자영업자에게 전문 컨설턴트의 경영진단과 사업 솔루션을 제공하여 사업환경 개선을 도모

⑦ **노후설계** … 노후준비를 위한 노후설계 자가진단 및 상담을 통하여 국민 모두가 행복하고 든든한 노후를 누릴 수 있도록 재무설계, 노후소득, 건강관리, 대인관계, 여가관리 등 건강한 노후설계 실현을 지원

⑧ **금융교육** … 서민들의 금융이해력을 높여 금융 소비자 및 생활인으로서 적절한 의사결정을 수행할 수 있도록 지원

2 채용안내

(1) 인재상

진심을 통한 지원	• 이용자들에게 진심으로 다가가 경제적 자립을 지원 • 이용자들의 일을 남의 일이라 생각하지 않고 진심을 다해 필요로 하는 것을 도와줌
시너지를 발휘하는 소통	• 열린 마음으로 소통하여 도움을 주는 자세 • 진흥원 구성원뿐만 아니라 협력기관, 이용자 간의 활발한 소통을 통해 모두가 하나라는 의식을 심어 주고 시너지 효과를 창출
신뢰할 수 있는 전문성	• 최고의 전문성을 추구하여 빠르고 효율적인 업무처리 • 최고의 전문성을 추구하여 이용자에게 필요로 하는 것을 파악하고, 빠르고 효율적으로 대응할 수 있도록 함
윤리적 사고를 바탕으로 한 공정성	• 대·내외적인 업무에 있어 윤리적인 사고를 가짐 • 서로를 돕는 입장으로서 대·내외적으로 윤리적인 사고를 통해 모두 공정하게 대함

(2) 채용안내

① **채용방법** … 서민금융진흥원은 국가직무능력표준(ncs)기반 능력 중심 채용을 도입하여 불필요한 스펙 경쟁을 없애고, 직무수행 현장에서 필요한 능력 평가를 바탕으로 공정하고 투명한 절차를 거쳐 인재를 선발

② **채용절차**

- ㉠ 서민금융진흥원은 신입직원을 기준으로 직군별 채용을 실시
- ㉡ 지원서에 기재된 지원자의 기본적인 자격요건 및 직무수행능력을 검증, 입사지원서 불성실 작성자 등을 심사
- ㉢ 직업기초능력(ncs) 및 직무역량평가(서민금융진흥원 업무 관련 객관식, 논술 등 변경가능), 인성검사 실시
- ㉣ 1차 면접(실무진 면접)은 PT면접, 단체 토론면접 등을 통해 직무역량 및 조직적합성을 평가, 2차 면접(임원 면접)은 심층 인터뷰 등을 통하여 인성 및 성장 잠재력을 종합적으로 평가
- ㉤ 신원 조회 및 결격사유 조회, 건강검진 이후 최종 합격이 결정

02 관련기사

서민금융진흥원, '2020 사회적 가치 실현 기관상' 최우수상 수상

서민금융진흥원, 공공부문의 사회적 가치 실현을 위한 노력 인정받아

서민금융진흥원은 지난달 29일 한국감사협회가 주관하는 '2020 감사대상 시상식'에서 사회적 가치 실현기관 공공기관부문 최우수상을 수상했다.

사회적 가치 실현 기관상은 인권, 사회적 약자 배려, 상생협력 등 사회적 가치 실현을 선도한 기관에게 수여하는 상이다.

서민금융진흥원은 금융소외계층의 금융접근성과 편의성 확대 등 디지털금융 혁신성을 높이 평가받아 지난해 10월 UN SDGs협회로부터 '글로벌 지속가능 공공기관 10'에 선정된바 있으며, 코로나19로 어려움에 처한 서민을 위한 금융지원 확대, 반부패·청렴 및 갑질 근절과 같은 내부 청렴 문화 확산 노력 등을 인정받아 지난달 29일 '사회적 가치 실현 기관상' 부문에서 최우수기관으로 선정되었다.

조성두 상임감사는 "앞으로도 사회적 가치 실현을 선도하는 공공기관이 될 수 있도록 임직원과 함께 노력하는 한편, 자체감사 역량강화를 위해 최선을 다하겠다."고 밝혔다.

이계문 원장은 "철저한 자체 내부감사 시스템과 청렴한 조직문화를 통해 협회로부터 사회적가치 실현을 인정받은 것은 의미가 크다."며, 서민금융진흥원은 앞으로도 지속가능한 경영을 통해 공공부문의 모범이 되겠다."고 말했다.

– 2021. 2. 5.

면접질문

- 서민금융진흥원이 무슨 일을 하는 곳인지 설명해 보시오.
- 서민금융진흥원의 사회적 가치 실현방법에 대해 말해보시오.

서민금융진흥원, 코로나19 위기에도 전년대비 금융교육 실적 94.9% 증가

코로나19에도 햇살론youth 이용자 및 정부·지자체 자산형성통장 가입자, 자활센터 등 서민·취약계층 대상 온라인 금융교육 확대
이계문 원장 "온라인·온택트 금융교육 확대로 금융정보 접근성을 높이고, 생애주기별 금융 콘텐츠를 지속 개발 예정"

서민금융진흥원(이하 '서금원')은 지난해 코로나19로 인한 서민들의 교육 공백을 최소화하기 위해 온라인 금융교육을 적극 활성화하여, 전년 동기대비 94.9% 증가한 271,730명에게 금융교육을 제공했으며, 이는 최근 2년간 3.8배 성장한 수치라고 28일(목) 밝혔다.

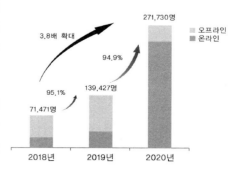

서금원의 금융교육 인원은 코로나19로 인해 대면 교육이 전년 동기대비 65% 감소하였지만 온라인 교육은 전년 동기대비 6배 확대됐다. 신규 출시한 서민금융상품인 햇살론youth와 한국장학재단 학자금대출 이용자에게 금융교육을 의무화하고 지자체, 아동권리보장원, 남북하나재단 등과 연계해 새로운 교육대상을 발굴하여 금융교육을 확대하였다. 특히, 금융교육 저변 확대를 위해 자활복지개발원, 한국소비자원, 아동권리보장원 등의 유관기관과 새로운 협력체계를 구축하여 〈청소년이 진짜 알아야하는 기본금융생활〉, 〈소통의 미쓰신〉과 같은 콘텐츠를 공동으로 개발 및 제공했다. 고령층 대상 금융교육 영상 및 교안, 청년 대상 맞춤형 교안, 청소년·예술인·탈북민 금융교육 콘텐츠 등 다양한 서민·취약계층에게 대상별 맞춤형 교육 과정을 개발하여 교육만족도를 높였다. 대면 금융교육 현장에서 실시한 현장 강의 만족도는 91.8%로 높은 수준으로 나타났다. 또한 온라인 교육에 대한 효과성을 실시간 분석한 결과, 응답자의 83%가 '금융교육 이후 재무관리 역량이 향상되었다', '금융서비스 이용에 자신감이 생겼다'고 평가하였으며, 교육만족도 조사에서는 85%가 '사례중심 설명이 도움이 되었다', '학습용 콘텐츠에 만족한다'고 응답했다. 이계문 원장은 "서금원은 코로나19에도 불구하고 선제적인 대응으로 비대면 교육을 대폭 확대하였으며, 앞으로도 금융교육을 통해 서민들이 재무적 어려움에 이르지 않도록 더욱 노력할 것"이라며, "특히 올해에는 서민·취약계층이 어디서나 쉽고 빠르게 금융교육을 접할 수 있도록 비대면 교육 시스템을 활성화하고, 고객 편의성을 늘리기 위해 더욱 노력하겠다."고 밝혔다.

– 2021. 1. 28.

면접질문

- 서민금융진흥원의 금융교육 대상에 대해 아는 대로 말해보시오.
- 서민금융진흥원에서 실시하는 금융교육이 실생활에서 어떻게 적용되는지 예를 들어 말해보시오.

서민금융진흥원, 2020년 휴면예금 2,432억 원 찾아줌. 전년대비 57% 증가

'20년 휴면예금 지급액 2,432억 원으로 '19년 대비 57% 증가
가수 '노라조' 출연 휴면예금 홍보영상 공개. 휴면예금 관련 퀴즈 맞히면 추첨 통해 선물 증정

> #. 대구에 거주하는 60대 남성 A씨는 실직 후 재취업을 위해 노력했지만 고령으로 일자리를 얻기 어려워 월세를 밀리는 등 형편이 점점 어려워졌다. 도움을 받기 위해 인근 주민센터를 방문했지만 당장 받을 수 있는 혜택이 없었고, 주민센터 직원의 소개로 서민금융통합지원센터에 방문했다. 센터 직원의 권유로 휴면 예금을 조회한 A씨는 380만 원의 휴면예금을 찾을 수 있었다. A씨는 "마지막 희망마저 사라졌다고 낙담하던 순간 놀라운 일이 벌어졌다"며 "당장 생활에 큰 도움이 되는 돈을 찾을 수 있게 도와준 상담 직원에게 감사하다"고 전했다.

서민금융진흥원(이하 '서금원')이 '휴면예금 찾아줌' 서비스 등을 통해 '20년 총 2,432억 원의 휴면예금을 지급해 '19년 대비 57% 증가했다고 20일(수) 밝혔다.

홈페이지, 앱, 콜센터 등 비대면 채널을 통해 지급한 휴면 예금·보험금은 전체의 65%로, 코로나19로 인한 '사회적 거리두기' 상황에서 원권리자가 영업점 방문 없이 휴면예금을 편리하게 찾아간 것으로 나타났다.

휴면예금 지급액은 비대면 조회·지급 서비스 강화, 50만 원 초과 보유자에 대한 우편안내 및 적극적인 온·오프라인 홍보 활동에 힘입어 '17년 356억 원, '18년 1,293억 원, '19년 1,553억 원, '20년 2,432억 원으로 매년 크게 증가하고 있다. 휴면예금이 1,000만 원 이하인 경우 창구 방문 없이 서금원 모바일 앱(App) 또는 '휴면예금 찾아줌'(sleepmoney.kinfa.or.kr) 등에서 평일 24시간 쉽고 편리하게 휴면예금을 찾을 수 있다.

온라인 이용이 어려운 경우에는 1397서민금융콜센터(국번없이 ☎1397)를 통해 조회 및 지급신청 할 수 있으며, 상속인, 대리인 등은 가까운 휴면예금 출연 금융회사의 영업점 또는 서민금융통합지원센터를 방문하면 된다.

아울러 서금원은 가수 '노라조'가 출연한 '휴면예금 쉽게 찾는 방법' 홍보영상을 공개하고, '휴면예금 찾기 이벤트'를 실시한다. '휴면예금 찾아줌' 홈페이지, 서금원 인스타그램 및 유튜브에서 노라조가 출연하는 휴면예금 홍보영상을 시청하고 관련 퀴즈를 맞히면 추첨을 통해 50명에게 치킨과 커피 쿠폰을 제공한다.

이계문 원장은 "앞으로도 국민들이 다양한 채널에서 휴면예금 찾기 등 서민금융 서비스를 쉽고 편리하게 이용할 수 있도록 유관기관 연계 서비스를 확대하는 등 휴면예금 원권리자의 권익 보호를 더욱 강화해 나갈 계획"이라고 밝혔다.

– 2021. 1. 20.

면접질문

- 휴면예금이란 무엇인지 설명해 보시오.
- 휴면예금을 찾을 수 있는 앱 또는 사이트를 아는 대로 말해보시오.

PART

II

NCS직업기초능력평가

01 의사소통능력

1 의사소통과 의사소통능력

(1) 의사소통

① 개념 : 사람들 간에 생각이나 감정, 정보, 의견 등을 교환하는 총체적인 행위로, 직장생활에서의 의사소통은 조직과 팀의 효율성과 효과성을 성취할 목적으로 이루어지는 구성원 간의 정보와 지식 전달 과정이라고 할 수 있다.

② 기능 : 공동의 목표를 추구해 나가는 집단 내의 기본적 존재 기반이며 성과를 결정하는 핵심 기능이다.

③ 의사소통의 종류
  ㉠ 언어적인 것 : 대화, 전화통화, 토론 등
  ㉡ 문서적인 것 : 메모, 편지, 기획안 등
  ㉢ 비언어적인 것 : 몸짓, 표정 등

④ 의사소통을 저해하는 요인 : 정보의 과다, 메시지의 복잡성 및 메시지 간의 경쟁, 상이한 직위와 과업지향형, 신뢰의 부족, 의사소통을 위한 구조상의 권한, 잘못된 매체의 선택, 폐쇄적인 의사소통 분위기 등

(2) 의사소통능력

① 개념 : 의사소통능력은 직장생활에서 문서나 상대방이 하는 말의 의미를 파악하는 능력, 자신의 의사를 정확하게 표현하는 능력, 간단한 외국어 자료를 읽거나 외국인의 의사표시를 이해하는 능력을 포함한다.

② 의사소통능력 개발을 위한 방법
  ㉠ 사후검토와 피드백을 활용한다.
  ㉡ 명확한 의미를 가진 이해하기 쉬운 단어를 선택하여 이해도를 높인다.
  ㉢ 적극적으로 경청한다.
  ㉣ 메시지를 감정적으로 곡해하지 않는다.

2 의사소통능력을 구성하는 하위능력

(1) 문서이해능력

① 문서와 문서이해능력
  ㉠ 문서 : 제안서, 보고서, 기획서, 이메일, 팩스 등 문자로 구성된 것으로 상대방에게 의사를 전달하여 설득하는 것을 목적으로 한다.
  ㉡ 문서이해능력 : 직업현장에서 자신의 업무와 관련된 문서를 읽고, 내용을 이해하고 요점을 파악할 수 있는 능력을 말한다.

예제 1

다음은 신용카드 약관의 주요내용이다. 규정 약관을 제대로 이해하지 못한 사람은?

> **[부가서비스]**
> 　카드사는 법령에서 정한 경우를 제외하고 상품을 새로 출시한 후 1년 이내에 부가서비스를 줄이거나 없앨 수가 없다. 또한 부가서비스를 줄이거나 없앨 경우에는 그 세부내용을 변경일 6개월 이전에 회원에게 알려주어야 한다.
> **[중도 해지 시 연회비 반환]**
> 　연회비 부과기간이 끝나기 이전에 카드를 중도해지하는 경우 남은 기간에 해당하는 연회비를 계산하여 10 영업일 이내에 돌려줘야 한다. 다만, 카드 발급 및 부가서비스 제공에 이미 지출된 비용은 제외된다.
> **[카드 이용한도]**
> 　카드 이용한도는 카드 발급을 신청할 때에 회원이 신청한 금액과 카드사의 심사기준을 종합적으로 반영하여 회원이 신청한 금액 범위 이내에서 책정되며 회원의 신용도가 변동되었을 때에는 카드사는 회원의 이용한도를 조정할 수 있다.
> **[부정사용 책임]**
> 　카드 위조 및 변조로 인하여 발생된 부정사용 금액에 대해서는 카드사가 책임을 진다. 다만, 회원이 비밀번호를 다른 사람에게 알려주거나 카드를 다른 사람에게 빌려주는 등의 중대한 과실로 인해 부정사용이 발생하는 경우에는 회원이 그 책임의 전부 또는 일부를 부담할 수 있다.

① 혜수 : 카드사는 법령에서 정한 경우를 제외하고는 1년 이내에 부가서비스를 줄일 수 없어.
② 진성 : 카드 위조 및 변조로 인하여 발생된 부정사용 금액은 일괄 카드사가 책임을 지게 돼.
③ 영훈 : 회원의 신용도가 변경되었을 때 카드사가 이용한도를 조정할 수 있어.
④ 영호 : 연회비 부과기간이 끝나기 이전에 카드를 중도 해지하는 경우에는 남은 기간에 해당하는 연회비를 카드사는 돌려줘야 해.

[출제의도]
주어진 약관의 내용을 읽고 그에 대한 상세 내용의 정보를 이해하는 능력을 측정하는 문항이다.
[해설]
② 부정사용에 대해 고객의 과실이 있으면 회원이 그 책임의 전부 또는 일부를 부담할 수 있다.

답 ②

② 문서의 종류

　㉠ **공문서** : 정부기관에서 공무를 집행하기 위해 작성하는 문서로, 단체 또는 일반회사에서 정부기관을 상대로 사업을 진행할 때 작성하는 문서도 포함된다. 엄격한 규격과 양식이 특징이다.

　㉡ **기획서** : 아이디어를 바탕으로 기획한 프로젝트에 대해 상대방에게 전달하여 시행하도록 설득하는 문서이다.

　㉢ **기안서** : 업무에 대한 협조를 구하거나 의견을 전달할 때 작성하는 사내 공문서이다.

　㉣ **보고서** : 특정한 업무에 관한 현황이나 진행 상황, 연구 · 검토 결과 등을 보고하고자 할 때 작성하는 문서이다.

　㉤ **설명서** : 상품의 특성이나 작동 방법 등을 소비자에게 설명하기 위해 작성하는 문서이다.

　㉥ **보도자료** : 정부기관이나 기업체 등이 언론을 상대로 자신들의 정보를 기사화 되도록 하기 위해 보내는 자료이다.

　㉦ **자기소개서** : 개인이 자신의 성장과정이나, 입사 동기, 포부 등에 대해 구체적으로 기술하여 자신을 소개하는 문서이다.

　㉧ **비즈니스 레터(E-mail)** : 사업상의 이유로 고객에게 보내는 편지다.

　㉨ **비즈니스 메모** : 업무상 확인해야 할 일을 메모형식으로 작성하여 전달하는 글이다.

③ **문서이해의 절차** : 문서의 목적 이해 → 문서 작성 배경 · 주제 파악 → 정보 확인 및 현안문제 파악 → 문서 작성자의 의도 파악 및 자신에게 요구되는 행동 분석 → 목적 달성을 위해 취해야 할 행동 고려 → 문서 작성자의 의도를 도표나 그림 등으로 요약 · 정리

(2) 문서작성능력

① 작성되는 문서에는 대상과 목적, 시기, 기대효과 등이 포함되어야 한다.

② **문서작성의 구성요소**

　㉠ 짜임새 있는 골격, 이해하기 쉬운 구조

　㉡ 객관적이고 논리적인 내용

　㉢ 명료하고 설득력 있는 문장

　㉣ 세련되고 인상적인 레이아웃

다음은 들은 내용을 구조적으로 정리하는 방법이다. 순서에 맞게 배열하면?

> ㉠ 관련 있는 내용끼리 묶는다.
> ㉡ 묶은 내용에 적절한 이름을 붙인다.
> ㉢ 전체 내용을 이해하기 쉽게 구조화한다.
> ㉣ 중복된 내용이나 덜 중요한 내용을 삭제한다.

① ㉠㉡㉢㉣   ② ㉠㉡㉣㉢
③ ㉡㉠㉢㉣   ④ ㉡㉠㉣㉢

[출제의도]
음성정보는 문자정보와는 달리 쉽게 잊혀 지기 때문에 음성정보를 구조화 시키는 방법을 묻는 문항이다.
[해설]
내용을 구조적으로 정리하는 방법은 '㉠ 관련 있는 내용끼리 묶는다. → ㉡ 묶은 내용에 적절한 이름을 붙인다. → ㉣ 중복된 내용이나 덜 중요한 내용을 삭제한다. → ㉢ 전체 내용을 이해하기 쉽게 구조화한다.'가 적절하다.

답 ②

③ 문서의 종류에 따른 작성방법
  ㉠ 공문서
   • 육하원칙이 드러나도록 써야 한다.
   • 날짜는 반드시 연도와 월, 일을 함께 언급하며, 날짜 다음에 괄호를 사용할 때는 마침표를 찍지 않는다.
   • 대외문서이며, 장기간 보관되기 때문에 정확하게 기술해야 한다.
   • 내용이 복잡할 경우 '-다음-', '-아래-'와 같은 항목을 만들어 구분한다.
   • 한 장에 담아내는 것을 원칙으로 하며, 마지막엔 반드시 '끝'자로 마무리 한다.
  ㉡ 설명서
   • 정확하고 간결하게 작성한다.
   • 이해하기 어려운 전문용어의 사용은 삼가고, 복잡한 내용은 도표화 한다.
   • 명령문보다는 평서문을 사용하고, 동어 반복보다는 다양한 표현을 구사하는 것이 바람직하다.
  ㉢ 기획서
   • 상대를 설득하여 기획서가 채택되는 것이 목적이므로 상대가 요구하는 것이 무엇인지 고려하여 작성하며, 기획의 핵심을 잘 전달하였는지 확인한다.
   • 분량이 많을 경우 전체 내용을 한눈에 파악할 수 있도록 목차구성을 신중히 한다.
   • 효과적인 내용 전달을 위한 표나 그래프를 적절히 활용하고 산뜻한 느낌을 줄 수 있도록 한다.
   • 인용한 자료의 출처 및 내용이 정확해야 하며 제출 전 충분히 검토한다.

ⓔ 보고서

- 도출하고자 한 핵심내용을 구체적이고 간결하게 작성한다.
- 내용이 복잡할 경우 도표나 그림을 활용하고, 참고자료는 정확하게 제시한다.
- 제출하기 전에 최종점검을 하며 질의를 받을 것에 대비한다.

예제 3

다음 중 공문서 작성에 대한 설명으로 가장 적절하지 못한 것은?

① 공문서나 유가증권 등에 금액을 표시할 때에는 한글로 기재하고 그 옆에 괄호를 넣어 숫자로 표기한다.
② 날짜는 숫자로 표기하되 년, 월, 일의 글자는 생략하고 그 자리에 온점(.)을 찍어 표시한다.
③ 첨부물이 있는 경우에는 붙임 표시문 끝에 1자 띄우고 "끝."이라고 표시한다.
④ 공문서의 본문이 끝났을 경우에는 1자를 띄우고 "끝."이라고 표시한다.

[출제의도]
업무를 할 때 필요한 공문서 작성법을 잘 알고 있는지를 측정하는 문항이다.
[해설]
공문서 금액 표시
아라비아 숫자로 쓰고, 숫자 다음에 괄호를 하여 한글로 기재한다.
예) 금 123,456원(금 일십이만삼천사백오십육원)

답 ①

---

④ 문서작성의 원칙

- ㉠ 문장은 짧고 간결하게 작성한다(간결체 사용).
- ㉡ 상대방이 이해하기 쉽게 쓴다.
- ㉢ 불필요한 한자의 사용을 자제한다.
- ㉣ 문장은 긍정문의 형식을 사용한다.
- ㉤ 간단한 표제를 붙인다.
- ㉥ 문서의 핵심내용을 먼저 쓰도록 한다(두괄식 구성).

⑤ 문서작성 시 주의사항

- ㉠ 육하원칙에 의해 작성한다.
- ㉡ 문서 작성시기가 중요하다.
- ㉢ 한 사안은 한 장의 용지에 작성한다.
- ㉣ 반드시 필요한 자료만 첨부한다.
- ㉤ 금액, 수량, 일자 등은 기재에 정확성을 기한다.
- ㉥ 경어나 단어사용 등 표현에 신경 쓴다.
- ㉦ 문서작성 후 반드시 최종적으로 검토한다.

⑥ 효과적인 문서작성 요령
  ㉠ **내용이해** : 전달하고자 하는 내용과 핵심을 정확하게 이해해야 한다.
  ㉡ **목표설정** : 전달하고자 하는 목표를 분명하게 설정한다.
  ㉢ **구성** : 내용 전달 및 설득에 효과적인 구성과 형식을 고려한다.
  ㉣ **자료수집** : 목표를 뒷받침할 자료를 수집한다.
  ㉤ **핵심전달** : 단락별 핵심을 하위목차로 요약한다.
  ㉥ **대상파악** : 대상에 대한 이해와 분석을 통해 철저히 파악한다.
  ㉦ **보충설명** : 예상되는 질문을 정리하여 구체적인 답변을 준비한다.
  ㉧ **문서표현의 시각화** : 그래프, 그림, 사진 등을 적절히 사용하여 이해를 돕는다.

(3) 경청능력

① **경청의 중요성** : 경청은 다른 사람의 말을 주의 깊게 들으며 공감하는 능력으로 경청을 통해 상대방을 한 개인으로 존중하고 성실한 마음으로 대하게 되며, 상대방의 입장에 공감하고 이해하게 된다.

② **경청을 방해하는 습관** : 짐작하기, 대답할 말 준비하기, 걸러내기, 판단하기, 다른 생각하기, 조언하기, 언쟁하기, 옳아야만 하기, 슬쩍 넘어가기, 비위 맞추기 등

③ **효과적인 경청방법**
  ㉠ **준비하기** : 강연이나 프레젠테이션 이전에 나누어주는 자료를 읽어 미리 주제를 파악하고 등장하는 용어를 익혀둔다.
  ㉡ **주의 집중** : 말하는 사람의 모든 것에 집중해서 적극적으로 듣는다.
  ㉢ **예측하기** : 다음에 무엇을 말할 것인가를 추측하려고 노력한다.
  ㉣ **나와 관련짓기** : 상대방이 전달하고자 하는 메시지를 나의 경험과 관련지어 생각해 본다.
  ㉤ **질문하기** : 질문은 듣는 행위를 적극적으로 하게 만들고 집중력을 높인다.
  ㉥ **요약하기** : 주기적으로 상대방이 전달하려는 내용을 요약한다.
  ㉦ **반응하기** : 피드백을 통해 의사소통을 점검한다.

예제 4

다음은 면접스터디 중 일어난 대화이다. 민아의 고민을 해소하기 위한 조언으로 가장 적절한 것은?

> 지섭 : 민아씨, 어디 아파요? 표정이 안 좋아 보여요.
> 민아 : 제가 원서 넣은 공단이 내일 면접이어서요. 그동안 스터디를 통해서 면접 연습을 많이 했는데도 벌써부터 긴장이 되네요.
> 지섭 : 민아씨는 자기 의견도 명확히 피력할 줄 알고 조리 있게 설명을 잘 하시니 걱정 안하셔도 될 것 같아요. 아, 손에 꽉 쥐고 계신 건 뭔가요?
> 민아 : 아, 제가 예상 답변을 정리해서 모아둔거에요. 내용은 거의 외웠는데 이렇게 쥐고 있지 않으면 불안해서
> 지섭 : 그 정도로 준비를 철저히 하셨으면 걱정할 이유 없을 것 같아요.
> 민아 : 그래도 압박면접이거나 예상치 못한 질문이 들어오면 어떻게 하죠?
> 지섭 : ______________________________

① 시선을 적절히 처리하면서 부드러운 어투로 말하는 연습을 해보는 건 어때요?
② 공식적인 자리인 만큼 옷차림을 신경 쓰는 게 좋을 것 같아요.
③ 당황하지 말고 질문자의 의도를 잘 파악해서 침착하게 대답하면 되지 않을까요?
④ 예상 질문에 대한 답변을 좀 더 정확하게 외워보는 건 어떨까요?

[출제의도]
상대방이 하는 말을 듣고 질문 의도에 따라 올바르게 답하는 능력을 측정하는 문항이다.
[해설]
민아는 압박질문이나 예상치 못한 질문에 대해 걱정을 하고 있으므로 침착하게 대응하라고 조언을 해주는 것이 좋다.

답 ③

(4) 의사표현능력

① 의사표현의 개념과 종류

㉠ 개념 : 화자가 자신의 생각과 감정을 청자에게 음성언어나 신체언어로 표현하는 행위이다.

㉡ 종류

- 공식적 말하기 : 사전에 준비된 내용을 대중을 대상으로 말하는 것으로 연설, 토의, 토론 등이 있다.
- 의례적 말하기 : 사회 · 문화적 행사에서와 같이 절차에 따라 하는 말하기로 식사, 주례, 회의 등이 있다.
- 친교적 말하기 : 친근한 사람들 사이에서 자연스럽게 주고받는 대화 등을 말한다.

② 의사표현의 방해요인

㉠ **연단공포증** : 연단에 섰을 때 가슴이 두근거리거나 땀이 나고 얼굴이 달아오르는 등의 현상으로 충분한 분석과 준비, 더 많은 말하기 기회 등을 통해 극복할 수 있다.

ⓛ 말 : 말의 장단, 고저, 발음, 속도, 쉼 등을 포함한다.

ⓒ 음성 : 목소리와 관련된 것으로 음색, 고저, 명료도, 완급 등을 의미한다.

ⓔ 몸짓 : 비언어적 요소로 화자의 외모, 표정, 동작 등이다.

ⓜ 유머 : 말하기 상황에 따른 적절한 유머를 구사할 수 있어야 한다.

③ 상황과 대상에 따른 의사표현법

ⓐ 잘못을 지적할 때 : 모호한 표현을 삼가고 확실하게 지적하며, 당장 꾸짖고 있는 내용에만 한정한다.

ⓛ 칭찬할 때 : 자칫 아부로 여겨질 수 있으므로 센스 있는 칭찬이 필요하다.

ⓒ 부탁할 때 : 먼저 상대방의 사정을 듣고 응하기 쉽게 구체적으로 부탁하며 거절을 당해도 싫은 내색을 하지 않는다.

ⓔ 요구를 거절할 때 : 먼저 사과하고 응해줄 수 없는 이유를 설명한다.

ⓜ 명령할 때 : 강압적인 말투보다는 'ㅇㅇ을 이렇게 해주는 것이 어떻겠습니까?'와 같은 식으로 부드럽게 표현하는 것이 효과적이다.

ⓗ 설득할 때 : 일방적으로 강요하기보다는 먼저 양보해서 이익을 공유하겠다는 의지를 보여주는 것이 좋다.

ⓢ 충고할 때 : 충고는 가장 최후의 방법이다. 반드시 충고가 필요한 상황이라면 예화를 들어 비유적으로 깨우쳐주는 것이 바람직하다.

ⓞ 질책할 때 : 샌드위치 화법(칭찬의 말 + 질책의 말 + 격려의 말)을 사용하여 청자의 반발을 최소화 한다.

▌예제 5

당신은 팀장님께 업무 지시내용을 수행하고 결과물을 보고 드렸다. 하지만 팀장님께서는 "최대리 업무를 이렇게 처리하면 어떡하나? 누락된 부분이 있지 않은가."라고 말하였다. 이에 대해 당신이 행할 수 있는 가장 부적절한 대처 자세는?

① "죄송합니다. 제가 잘 모르는 부분이라 이수혁 과장님께 부탁을 했는데 과장님께서 실수를 하신 것 같습니다."

② "주의를 기울이지 못해 죄송합니다. 어느 부분을 수정보완하면 될까요?"

③ "지시하신 내용을 제가 충분히 이해하지 못하였습니다. 내용을 다시 한 번 여쭤보아도 되겠습니까?"

④ "부족한 내용을 보완하는 자료를 취합하기 위해서 하루정도가 더 소요될 것 같습니다. 언제까지 재작성하여 드리면 될까요?"

[출제의도]
상사가 잘못을 지적하는 상황에서 어떻게 대처해야 하는지를 묻는 문항이다.

[해설]
상사가 부탁한 지시사항을 다른 사람에게 부탁하는 것은 옳지 못하며 설사 그렇다고 해도 그 일의 과오에 대해 책임을 전가하는 것은 지양해야 할 자세이다.

답 ①

④ 원활한 의사표현을 위한 지침

  ㉠ 올바른 화법을 위해 독서를 하라.
  ㉡ 좋은 청중이 되라.
  ㉢ 칭찬을 아끼지 마라.
  ㉣ 공감하고, 긍정적으로 보이게 하라.
  ㉤ 겸손은 최고의 미덕임을 잊지 마라.
  ㉥ 과감하게 공개하라.
  ㉦ 뒷말을 숨기지 마라.
  ㉧ 첫마디 말을 준비하라.
  ㉨ 이성과 감성의 조화를 꾀하라.
  ㉩ 대화의 룰을 지켜라.
  ㉪ 문장을 완전하게 말하라.

⑤ 설득력 있는 의사표현을 위한 지침

  ㉠ 'Yes'를 유도하여 미리 설득 분위기를 조성하라.
  ㉡ 대비 효과로 분발심을 불러 일으켜라.
  ㉢ 침묵을 지키는 사람의 참여도를 높여라.
  ㉣ 여운을 남기는 말로 상대방의 감정을 누그러뜨려라.
  ㉤ 하던 말을 갑자기 멈춤으로써 상대방의 주의를 끌어라.
  ㉥ 호칭을 바꿔서 심리적 간격을 좁혀라.
  ㉦ 끄집어 말하여 자존심을 건드려라.
  ㉧ 정보전달 공식을 이용하여 설득하라.
  ㉨ 상대방의 불평이 가져올 결과를 강조하라.
  ㉩ 권위 있는 사람의 말이나 작품을 인용하라.
  ㉪ 약점을 보여 주어 심리적 거리를 좁혀라.
  ㉫ 이상과 현실의 구체적 차이를 확인시켜라.
  ㉬ 자신의 잘못도 솔직하게 인정하라.
  ㉭ 집단의 요구를 거절하려면 개개인의 의견을 물어라.
  ⓐ 동조 심리를 이용하여 설득하라.
  ⓑ 지금까지의 노고를 치하한 뒤 새로운 요구를 하라.
  ⓒ 담당자가 대변자 역할을 하도록 하여 윗사람을 설득하게 하라.
  ⓓ 겉치레 양보로 기선을 제압하라.
  ⓔ 변명의 여지를 만들어 주고 설득하라.
  ⓕ 혼자 말하는 척하면서 상대의 잘못을 지적하라.

(5) 기초외국어능력

① 기초외국어능력의 개념과 필요성
 ㉠ 개념 : 기초외국어능력은 외국어로 된 간단한 자료를 이해하거나, 외국인과의 전화응대와 간단한 대화 등 외국인의 의사표현을 이해하고, 자신의 의사를 기초외국어로 표현할 수 있는 능력이다.
 ㉡ 필요성 : 국제화·세계화 시대에 다른 나라와의 무역을 위해 우리의 언어가 아닌 국제적인 통용어를 사용하거나 그들의 언어로 의사소통을 해야 하는 경우가 생길 수 있다.

② 외국인과의 의사소통에서 피해야 할 행동
 ㉠ 상대를 볼 때 흘겨보거나, 노려보거나, 아예 보지 않는 행동
 ㉡ 팔이나 다리를 꼬는 행동
 ㉢ 표정이 없는 것
 ㉣ 다리를 흔들거나 펜을 돌리는 행동
 ㉤ 맞장구를 치지 않거나 고개를 끄덕이지 않는 행동
 ㉥ 생각 없이 메모하는 행동
 ㉦ 자료만 들여다보는 행동
 ㉧ 바르지 못한 자세로 앉는 행동
 ㉨ 한숨, 하품, 신음소리를 내는 행동
 ㉩ 다른 일을 하며 듣는 행동
 ㉪ 상대방에게 이름이나 호칭을 어떻게 부를지 묻지 않고 마음대로 부르는 행동

③ 기초외국어능력 향상을 위한 공부법
 ㉠ 외국어공부의 목적부터 정하라.
 ㉡ 매일 30분씩 눈과 손과 입에 밸 정도로 반복하라.
 ㉢ 실수를 두려워하지 말고 기회가 있을 때마다 외국어로 말하라.
 ㉣ 외국어 잡지나 원서와 친해져라.
 ㉤ 소홀해지지 않도록 라이벌을 정하고 공부하라.
 ㉥ 업무와 관련된 주요 용어의 외국어는 꼭 알아두자.
 ㉦ 출퇴근 시간에 외국어 방송을 보거나, 듣는 것만으로도 귀가 트인다.
 ㉧ 어린이가 단어를 배우듯 외국어 단어를 암기할 때 그림카드를 사용해 보라.
 ㉨ 가능하면 외국인 친구를 사귀고 대화를 자주 나눠 보라.

1 다음 글의 내용과 일치하지 않는 것은?

---

1. 상품특징

   가입자가 예·적금, 펀드 등 다양한 금융상품을 선택하여 포트폴리오를 구성하여 통합·관리할 수 있는 계좌로서, 일정기간동안 다양한 금융상품 운용 결과로 발생하는 계좌 내 이익－손실을 통산 후 순이익에 세제혜택 부여

2. 가입대상

   • 직전년도 또는 해당년도에 「소득세법」에 따른 사업소득 및 근로소득이 있거나 농어민에 해당하는 거주자
   • 가입 당시 직전년도 금융소득종합과세 대상자는 제외

3. 운용방법

   • 개인종합자산관리계좌는 위탁자별 신탁재산을 각각 구분하여 관리·운용 및 계산하는 상품으로 위탁자별 운용방법, 신탁기간, 신탁보수 및 이익계산방법 등은 개인종합자산관리계좌 약관에서 정한다.
   • 운용상품별 보수는 다음과 같다.
   － 예금, 적금, 예탁금 : 연 0.1%
   － 집합투자증권 : 연 0.2%
   － 파생결합증권 : 연 0.7%

4. 판매기간

   2018.12.31

5. 신탁기간

   신탁기간은 5년으로 정하며 가입유형에 따라 의무가입기간이 상이할 수 있다.

---

① ISA는 가입자가 예·적금, 펀드 등 다양한 금융상품을 선택하여 포트폴리오를 구성하여 통합·관리할 수 있는 계좌이다.

② 집합투자증권의 보수는 연 0.2%이다.

③ 신탁기간은 5년이며 가입유형에 따라 의무가입기간이 서로 다를 수 있다.

④ 가입 당시 직전년도 금융소득종합과세자도 가입이 가능하다.

⑤ 판매기간은 2018년 12월 31일까지다.

> (Tip) ④ 가입 당시 직전년도 금융소득종합과세자는 가입대상에서 제외된다.

2 다음 글의 주제로 가장 적절한 것을 고른 것은?

> 유럽의 도시들을 여행하다 보면 여기저기서 벼룩시장이 열리는 것을 볼 수 있다. 벼룩시장에서 사람들은 낡고 오래된 물건들을 보면서 추억을 되살린다. 유럽 도시들의 독특한 분위기는 오래된 것을 쉽게 버리지 않는 이런 정신이 반영된 것이다.
>
> 영국의 옥스팜(Oxfam)이라는 시민단체는 헌옷을 수선해 파는 전문 상점을 운영해, 그 수익금으로 제3세계를 지원하고 있다. 파리 시민들에게는 유행이 따로 없다. 서로 다른 시절의 옷들을 예술적으로 배합해 자기만의 개성을 연출한다.
>
> 땀과 기억이 배어 있는 오래된 물건은 실용적 가치만으로 따질 수 없는 보편적 가치를 지닌다. 선물로 받아서 10년 이상 써 온 손때 묻은 만년필을 잃어버렸을 때 느끼는 상실감은 새 만년필을 산다고 해서 사라지지 않는다. 그것은 그 만년필이 개인의 오랜 추억을 담고 있는 증거물이자 애착의 대상이 되었기 때문이다. 그러기에 실용성과 상관없이 오래된 것은 그 자체로 아름답다.

① 서양인들의 개성은 시대를 넘나드는 예술적 가치관으로부터 표현된다.

② 실용적 가치보다 보편적인 가치를 중요시해야 한다.

③ 만년필은 선물해 준 사람과의 아름다운 기억과 오랜 추억이 담긴 물건이다.

④ 오래된 물건은 실용적인 가치보다 더 중요한 가치를 지니고 있다.

⑤ 오래된 물건은 실용적 가치만으로 따질 수 없는 개인의 추억과 같은 보편적 가치를 지니기에 그 자체로 아름답다.

> (Tip) 작자는 오래된 물건의 가치를 단순히 기능적 편리함 등의 실용적인 면에 두지 않고 그것을 사용해 온 시간, 그 동안의 추억 등에 두고 있으며 그렇기 때문에 오래된 물건이 아름답다고 하였다.

> **Answer** ☞ 1.④ 2.⑤

3 다음 글을 읽고 알 수 있는 매체와 매체 언어의 특성으로 가장 적절한 것은?

> 텔레비전 드라마는 텔레비전과 드라마에 대한 각각의 이해를 전제로 하고 보아야 한다. 즉 텔레비전이라는 매체에 대한 이해와 드라마라는 장르적 이해가 필요하다.
>
> 텔레비전은 다양한 장르, 양식 등이 교차하고 공존한다. 텔레비전에는 다루고 있는 내용이 매우 무거운 시사토론 프로그램부터 매우 가벼운 오락 프로그램까지 섞여서 나열되어 있다. 또한 시청률에 대한 생산자들의 강박관념까지 텔레비전 프로그램 안에 들어있다. 텔레비전 드라마의 경우도 마찬가지로 이러한 강박이 존재한다. 드라마는 광고와 여러 문화 산업에 부가가치를 창출하며 드라마의 장소는 관광지가 되어서 지방의 부가가치를 만들어 내기도 한다. 이 때문에 시청률을 걱정해야 하는 불안정한 텔레비전 드라마 시장의 구조 속에서 상업적 성공을 거두기 위해 텔레비전 드라마는 이미 높은 시청률을 기록한 드라마를 복제하게 되는 것이다. 이것은 드라마 제작자의 수익성과 시장의 불확실성을 통제하기 위한 것으로 구체적으로는 속편이나 아류작의 제작이나 유사한 장르 복제 등으로 나타난다. 이러한 복제는 텔레비전 내부에서만 일어나는 것이 아니라 문화 자본과 관련되는 모든 매체, 즉 인터넷, 영화, 인쇄 매체에서 동시적으로 나타나는 현상이기도 하다.
>
> 이들은 서로 역동적으로 자리바꿈을 하면서 환유적 관계를 형성한다. 이 환유에는 수용자들, 즉 시청자나 매체 소비자들의 욕망이 투사되어 있다. 수용자의 욕망이 매체나 텍스트의 환유적 고리와 만나게 되면 각각의 텍스트는 다른 텍스트나 매체와의 관련 속에서 의미화 작용을 거치게 된다.
>
> 이렇듯 텔레비전 드라마는 시청자의 욕망과 텔레비전 안팎의 다른 프로그램이나 텍스트와 교차하는 지점에서 생산된다. 상업성이 검증된 것의 반복적 생산으로 말미암아 텔레비전 드라마는 거의 모든 내용이 비슷해지는 동일화의 길을 걷게 된다고 볼 수 있다.

① 텔레비전과 같은 매체는 문자 언어를 읽고 쓰는 능력을 반드시 필요로 한다.
② 디지털 매체 시대에 독자는 정보의 수용자이면서 동시에 생산자가 되기도 한다.
③ 텔레비전 드라마 시청자들의 욕구는 매체의 특성을 변화시키는 경우가 많다.
④ 영상 매체에 있는 자료들이 인터넷, 영화 등과 결합하는 것은 사실상 불가능하다.
⑤ 텔레비전 드라마는 독자들의 니즈를 충족시키기 위해 내용의 차별성에 역점을 두고 있다.

 인간은 매체를 사용하여 타인과 소통하는데 그 매체는 음성 언어에서 문자로 발전했으며 책이나 신문, 라디오나 텔레비전, 영화, 인터넷 등으로 발전해 왔다. 매체의 변화는 사람들 간의 소통양식은 물론 문화 양식에까지 영향을 미친다. 현대에는 음성, 문자, 이미지, 영상, 음악 등이 결합된 매체 환경이 생기고 있다. 이 글에서는 텔레비전 드라마가 인터넷, 영화, 인쇄매체 등과 연결되어 복제되는 형상을 낳기도 하고 수용자의 욕망이 매체에 드러난다고 언급한다. 즉 디지털 매체 시대의 독자는 정보를 수용하기도 하지만 생산자가 될 수도 있음을 언급하고 있다고 볼 수 있다.

4 다음 글의 빈칸에 들어갈 내용으로 가장 적절한 것은?

> 자본주의 경제체제는 이익을 추구하는 인간의 욕구를 최대한 보장해 주고 있다. 기업 또한 이익 추구라는 목적에서 탄생하여, 생산의 주체로서 자본주의 체제의 핵심적 역할을 수행하고 있다. 곧, 이익은 기업가로 하여금 사업을 시작하게 된 동기가 된다. 이익에는 단기적으로 실현되는 이익과 장기간에 걸쳐 지속적으로 실현되는 이익이 있다. 기업이 장기적으로 존속, 성장하기 위해서는 _____ 실제로 기업은 단기 이익의 극대화가 장기 이익의 극대화와 상충될 때에는 단기 이익을 과감하게 포기하기도 한다.

① 두 마리의 토끼를 다 잡으려는 생각으로 운영해야 한다.
② 당장의 이익보다 기업의 이미지를 생각해야 한다.
③ 단기 이익보다 장기 이익을 추구하는 것이 더 중요하다.
④ 장기 이익보다 단기 이익을 추구하는 것이 더 중요하다.
⑤ 아무도 개척하지 않은 길을 개척할 수 있는 도전정신이 필요하다.

 빈칸 이후의 문장에서 단기 이익의 극대화가 장기 이익의 극대화와 상충될 때에는 단기 이익을 과감하게 포기하기도 한다고 제시되어 있으므로 ③이 가장 적절하다.

Answer⤶ 3.② 4.③

5 다음 글의 중심 내용으로 적절한 것은?

> 전통은 물론 과거로부터 이어 온 것을 말한다. 이 전통은 대체로 그 사회 및 그 사회의 구성원인 개인의 몸에 배어 있는 것이다. 그러므로 스스로 깨닫지 못하는 사이에 전통은 우리의 현실에 작용하는 경우가 있다. 그러나 과거에서 이어 온 것을 무턱대고 모두 전통이라고 한다면, 인습이라는 것과의 구별이 서지 않을 것이다. 우리는 인습을 버려야 할 것이라고는 생각하지만, 계승해야 할 것이라고는 생각하지 않는다. 여기서 우리는, 과거에서 이어 온 것을 객관화하고, 이를 비판하는 입장에 서야 할 필요를 느끼게 된다. 그 비판을 통해서 현재의 문화 창조에 이바지할 수 있다고 생각되는 것만을 우리는 전통이라고 불러야 할 것이다. 이같이, 전통은 인습과 구별될뿐더러, 또 단순한 유물과도 구별되어야 한다. 현재의 문화를 창조하는 일과 관계가 없는 것을 우리는 문화적 전통이라고 부를 수가 없기 때문이다.

① 전통의 본질
② 인습의 종류
③ 문화 창조의 본질
④ 외래문화 수용 자세
⑤ 과거에 대한 비판

 전통은 과거로부터 이어온 것 중 현재의 문화 창조에 이바지할 수 있는 것만을 말한다. 인습이나 유물은 현재 문화 창조에 이바지할 수 없으므로 전통과는 구별되어야 한다는 것이 글의 중심 내용이다.

6 다음의 밑줄 친 단어의 의미와 동일하게 쓰인 것을 고르면?

> 코레일이 산·학·연 공동 개발로 국산화에 성공한 고속철도차량 KTX 추진제어장치인 모터블록을 본격 도입한다고 밝혔다. 모터블록은 고속열차의 핵심 장치로 KTX가 300km/h로 운행하는 데 중요한 역할을 하는 견인전동기를 제어한다. 그동안 전량을 해외에서 수입해왔다.
>
> 코레일은 2009년부터 지난 10년간 국토교통부와 국토교통과학기술진흥원의 지원을 <u>받아</u> 국가 R&D사업으로 모터블록 국산화 기술개발을 진행해 왔다. 이번에 코레일은 공개 입찰을 통해 국내업체와 28억여 원 상당의 모터블록 2대에 대한 구매 계약을 체결했다. 구성품의 교체시기에 따라 추가 구매할 계획이다.
>
> 국내 기술 도입으로 수입품 대비 30% 정도의 비용 절감이 예상된다. 또한 오류 발생 시 문제 지점을 스스로 찾는 자가진단기능을 탑재해 안전성 향상도 기대된다.

① 이번 인사평가에서 최고 등급을 <u>받았다.</u>

② 정부는 국민들로부터 세금을 <u>받아</u> 국가를 운영한다.

③ 4차 산업혁명으로 기존 산업들이 도전을 <u>받고</u> 있다.

④ 아이의 어리광을 무조건 <u>받아</u> 주는 것은 잘못된 양육법이다.

⑤ 작년에 <u>받아</u> 둔 코스모스 씨앗을 화분에 심었다.

 밑줄 친 '받아'는 '다른 사람이 바치거나 내는 돈이나 물건을 책임 아래 맡아 두다'의 의미로 쓰였다. 즉, 국토교통부와 국토교통과학기술진흥원에서 지원하는 자원을 코레일의 책임 아래 맡아 두고 모터블록 국산화 기술개발을 진행해 왔다는 것이다. 이와 동일하게 쓰인 것은 보기 중 ②가 해당한다.
① 점수나 학위 따위를 따다.
③ 요구, 신청, 질문, 공격, 도전, 신호 따위의 작용을 당하거나 거기에 응하다.
④ 다른 사람의 어리광, 주정 따위에 무조건 응하다.
⑤ 동식물의 씨나 알 따위를 거두어 내다.

Answer ☞ 5.①   6.②

7 다음을 논리적 흐름에 따라 바르게 나열한 것은?

> ㉠ 끝으로 지금까지 우리나라 기업의 자금조달 방식을 살펴보면 주요 선진국들에 비해 간접금융이 차지하는 비중은 높았던 반면 직접금융의 비중은 금융환경의 변화에 따라 급감하거나 급증하는 등 변동성이 매우 컸다. 직접금융을 상대적으로 중시하는 시장중심 금융시스템과 간접금융을 상대적으로 중시하는 은행 중심 금융시스템 간 상대적 우월성에 대한 논쟁이 꾸준히 있어 왔으며 이를 뒷받침하기 위한 연구도 다수 이루어졌다. 그 결과 최근에는 직접금융과 간접금융은 상호보완적이라는 인식이 높아지면서 두 금융시스템이 균형 있게 발전해야 한다는 쪽으로 의견이 모아지고 있다.
>
> ㉡ 이러한 직접금융과 간접금융은 자금공급자와 자금수요자 간의 금융계약이 특정의 조직 내지 관계를 매개로 하는 것인지 아니면 시장을 매개로 하는 것인지에 따라 양상을 달리하는데 후자는 주로 주거래은행제도나 관계금융 등 은행 중심 금융시스템을 발전시키는 토양이 되며 전자는 자본시장이나 투자은행이 발달한 직접금융시스템을 배태한다고 말할 수 있다.
>
> ㉢ 금융거래는 자금공급자로부터 자금수요자로 자금이 이동하는 형태에 따라 직접금융과 간접금융으로 구분된다. 직접금융은 자금수요자가 자기명의로 발행한 증권을 자금공급자에게 팔아 자금수요자로부터 자금을 직접 조달하는 거래이고, 간접금융은 은행과 같은 금융 중개 기관을 통하여 자금이 공급자에게서 수요자에게로 이동되는 거래이다. 직접금융의 대표적인 수단으로 주식·채권 등이 있으며 간접금융거래의 대표적인 수단으로 예금과 대출 등이 있다.
>
> ㉣ 여기서 간접금융이나 주거래은행제도는 다음과 같은 특징을 지닌다. 첫째, 은행과 고객기업 간에는 장기적 거래관계가 있다. 둘째, 은행은 고객기업의 결제구좌의 보유나 회사채 수탁 업무 등을 통해 시장이나 다른 금융기관이 입수하기 힘든 기업의 내부정보를 얻어 동 기업이 일시적인 경영위기에 봉착했는가 아니면 근본적인 경영파산 상태에 빠져 있는가 등을 분별해낼 수 있다. 셋째, 은행은 위와 같은 기업 감시 활동을 통해 근본적인 경영파산 상태에 놓인 기업을 중도에 청산시키거나 계속기업으로서 가치가 있으나 일시적인 경영위기에 봉착한 기업을 구제할 수 있다. 그 외에도 은행은 다른 금융기관이나 예금자의 위임된 감시자로서 활동하여 정보의 효율성을 향상시킬 수도 있다.

① ㉡ - ㉠ - ㉢ - ㉣
② ㉢ - ㉣ - ㉡ - ㉠
③ ㉢ - ㉡ - ㉣ - ㉠
④ ㉡ - ㉢ - ㉠ - ㉣
⑤ ㉠ - ㉢ - ㉡ - ㉣

 ㉢ 직접금융과 간접금융의 정의와 예
㉡ 직접금융과 간접금융의 양상
㉣ 간접금융이나 주거래은행제도의 특징
㉠ 지금까지 우리나라 기업의 자금조달 방식

8 밑줄 친 ㉠, ㉡과 동일한 의미관계를 갖는 것은?

> 우리는 영화나 드라마에서 흔히 주인공이 첫사랑을 다시 만나 심장이 두근거리는 장면을 보곤 한다. 이렇게 영화나 드라마처럼 정말 심장이 사랑하는 사람을 알아볼 수 있을까? 사실 첫사랑을 보고 심장이 뛰는 현상은 심장이 과거에 사랑했던 사람을 알아보아서 마구 뛴 것이 아니라 우리의 '뇌'가 그 사람을 기억하고 알아차려 신경을 통해 심장을 더 빠르게 뛰도록 조절했기 때문이다.
>
> 심장은 심방과 심실이라는 네 개의 작은 방으로 나누어져 있다. 오른쪽 심실에서 나온 혈액은 허파를 지나 산소가 풍부한 혈액으로 바뀌어 왼쪽 심방으로 들어온다. 이렇게 들어온 혈액은 왼쪽 심실의 펌프질을 통해 온몸으로 퍼지게 되는데, 오른쪽 심방 벽에 주기 조정자가 있다. 이곳에서 전기파를 방출하면 이로 인해 심장의 근육들은 하나의 박자에 맞춰 ㉠수축과 ㉡이완을 반복함으로써 펌프질을 하게 되는 것이다. 즉, 심장은 뇌에서 내린 명령에 따라 오른쪽 심방 벽에서 방출하는 전기파에 맞춰 혈액을 펌프질하는 역할만 할 뿐이다.

① 동물 : 사슴

② 시계 : 바늘

③ 압축 : 복원

④ 은총 : 총애

⑤ 손(手) : 손(客)

 '수축'은 '근육 따위가 오그라듦'이라는 뜻이고, '이완'은 '굳어서 뻣뻣하게 된 근육 따위가 원래의 상태로 풀어짐'이라는 뜻이다. 따라서 두 단어는 서로 대조의 의미 관계에 있다. 이와 같이 상반된 의미를 가진 단어로는 '압축'과 '복원'이 있다. '압축'은 '물질 따위에 압력을 가하여 그 부피를 줄임'이라는 뜻이고, '복원'은 '원래대로 회복함'이라는 뜻으로 의미상 대조 관계를 이룬다.
① 동물은 사슴을 포함한다. 즉, 둘은 상하 관계에 있다.
② 바늘은 시계를 구성하는 하나의 부분이다. 즉, 둘은 부분–전체 관계에 있다.
④ 은총과 총애는 서로 의미가 비슷한 유의 관계에 있다.
⑤ 손(手)과 손(客)은 소리는 같지만 의미에 유사성이 없는 동음이의 관계에 있다.

Answer → 7.③ 8.③

9 다음 글의 제목으로 가장 적절한 것은?

고대에는 범죄에 대해 개인적이든 집단적이든 사적 제재인 복수가 행하여졌다. 그러나 복수는 일회적인 제재에 그치지 않고 꼬리를 문 복수의 연쇄를 낳는다. 이러한 사적 복수가 공적 형벌로 대치된 것은 인류 문명이 이룬 커다란 진보라고 할 수 있다. 그런데 이러한 공적 형벌은 국가가 완전히 독점하게 되었다. 끝없는 피의 복수는 법적 평화를 근본적으로 파괴한다는 점에서 공정한 중립적 권력으로서의 국가가 형벌권을 독점한다는 것은 어느 정도 정당화될 수 있다. 그러나 왜 형벌을 가하는가 하는 문제는 여전히 남는다. 이에 관한 대표적인 관점을 살펴보자.

형벌은 어떤 목적을 달성하기 위한 수단으로서 부과되는 것이 아니라 자기 목적적으로, '악에 대한 악'으로서 부과된다는 '응보론'이 있다. 이러한 견해를 표명한 대표적인 사람은 칸트이다. 그는 이성적이고 자유로운 인간을 전제로 인간을 수단이 아니라 목적으로 대우하라고 주장하였다. 형벌의 경우에도 인간에게 형벌을 가함으로써 다른 어떤 목적을 추구한다면 그것은 인간을 수단으로 사용하는 것이라며 반대하였다. 따라서 형벌은 자기 목적적이어야 하며, 형벌의 질과 양은 저지른 해악과 똑같은 해악, 즉 응보로서의 '동해보복(同害報復)'이어야 한다고 주장하였다.

다음으로 범죄자에게 형벌을 가함으로써 일반인이 두려움을 느껴 범죄로 나아가지 못하게 하기 위하여 형벌은 부과되는 것이라고 보는 '일반 예방론'이 있다. 근대적 형태의 일반 예방론은 벤담의 공리주의 사상에 기반을 두고 있다. 벤담은 인간을 쾌를 추구하고 불쾌를 피하는 존재로 상정하고, 쾌와 불쾌의 계산을 통해 쾌가 큰 방향으로 행위를 선택한다고 생각하였다. 범죄와 관련하여서도 '범죄를 통하여 얻는 쾌'와 '형벌을 통하여 얻는 불쾌'를 비교하여 헤아려 봄으로써 공리 계산을 하는 것이 인간이란 점을 이 이론은 전제로 하고 있다.

마지막으로 형벌은 범죄자 자신이 장래에 다시 범죄를 저지르지 않는 삶을 영위하도록 하기 위하여 부과된다는 '특별 예방론'이 있다. 플라톤은 죄를 저질렀기 때문에 처벌하는 것이 아니라, 죄를 저지르지 않게 하기 위하여 처벌한다고 하였다. 이렇게 볼 때 형벌은 범죄자 자신의 속죄, 개과천선을 목적으로 부과되는 것이다.

오늘날에는 이 세 가지 관점을 절충하여 형벌을 정당화하고 있다. 우선 응보론은 형벌 부과의 대상과 형벌의 상한을 설정해 주는 의미를 갖는다. 그리고 이 상한의 범위 내에서 형벌의 종류와 내용을 구성하는 데는 일반 예방론과 특별 예방론의 관점이 원용되고 있다. 이렇듯 형벌의 목적에 관한 논의는 단순히 관념상의 관심사가 아니라 형사제도를 구성하고 운용하는 데에 중요한 현실적 의미를 갖고 있다.

① 형벌 집행의 효과와 부작용
② 형벌 이론의 변천 과정과 현황
③ 형벌과 범죄 예방과의 상관관계
④ 국가에 의한 형벌권의 근거와 정당성
⑤ 형벌의 목적에 대한 다양한 견해와 의의

10 다음 중 아래 글에서 언급한 글로벌 기업의 성공적 대응 전략에 해당하지 않는 것은?

> 전 세계적으로 저성장이 장기화되고 있고, 낮은 가격을 무기로 개발도상국 업체들이 글로벌 기업을 추격해 오고 있다. 이와 같이 가격 경쟁이 치열해 지는 상황에서 글로벌 기업들이 성공적으로 대응하는 전략은 크게 5가지로 구분할 수 있다.
> 첫 번째로 차별화 전략을 들 수 있다. 제품의 디자인, 성능, 브랜드 및 사용 경험 등을 차별화하는 방법이다. 두 번째로 저가로 맞대응하는 전략이다. 전체적인 구조조정을 통한 원가 혁신으로 상대 기업에 비해서 가격 경쟁력을 확보하는 방법이다. 세 번째로 차별화와 원가 혁신의 병행 전략을 선택하는 경우이다. IT 기술의 발달로 제품 및 서비스의 비교가 쉬워지면서 제품 차별화 혹은 원가 혁신과 같은 단일 전략보다는 차별화와 원가 혁신을 동시에 추구하는 전략이 큰 호응을 얻고 있다. 네 번째는 경쟁의 축을 바꿈으로써 시장을 선도하는 경우이다. 이는 시장에 새로운 게임의 룰을 만들어서 경쟁에서 벗어나는 방법이다. 마지막으로 제품만 팔다가 경쟁의 범위를 솔루션 영역으로 확장하면서 경쟁력을 높이는 경우이다.

① A식품은 '구워먹는 치즈'라는 신제품을 통해 새로운 치즈 시장을 창출할 수 있었다.
② B항공사는 필수 서비스만 남기는 파격적 혁신으로 우수한 영업 실적을 기록했다.
③ C 제약회사는 종합비타민제의 성분보다 크기와 디자인을 강조하는 전략을 구사했다.
④ D사는 최근 IT 기기 판매 대신 기업들의 IT 서비스 및 컨설팅을 주력으로 하고 있다.
⑤ E사는 신제품 홍보에 온라인과 오프라인을 골고루 활용하여 고객의 주목을 받고 있다.

Answer ↱ 9.⑤ 10.⑤

11 다음 글에서 언급한 스마트 팩토리의 특징으로 옳지 않은 것은?

> 최근 스포츠 브랜드인 아디다스에서 소비자가 원하는 디자인, 깔창, 굽 모양 등의 옵션을 적용하여 다품종 소량생산 할 수 있는 스피드 팩토리를 선보였고, 그밖에도 제조업을 비롯해 다양한 산업에서 스마트 팩토리를 도입하면서 미래형 제조 시스템인 스마트 팩토리에 대한 관심이 커지고 있다. 과연 스마트 팩토리 무엇이며 어떤 기술로 구현되고 이점은 무엇일까?
>
> 스마트 팩토리란 ICT기술을 기반으로 제품의 기획, 설계, 생산, 유통, 판매의 전 과정을 자동화, 지능화하여 최소 비용과 최소 시간으로 다품종 대량생산이 가능한 미래형 공장을 의미한다. 스마트 팩토리가 구현되기 위해서는 다양한 기술이 적용되는데, 먼저 클라우드 기술은 인터넷에 연결되어 축적된 데이터를 저장하고 IoT 기술은 각종 사물에 컴퓨터 칩과 통신 기능을 내장해 인터넷에 연결한다. 또한 데이터를 분석하는 빅데이터 기술, AI를 기반으로 스스로 학습하고 의사결정을 할 수 있는 차세대 로봇기술과 기계가 자가 학습하는 인공지능 기술을 비롯해 수많은 첨단 기술을 필요로 한다.
>
> 스마트 팩토리의 핵심 구현 요소는 디지털화, 연결화, 스마트화이다. 디지털화는 공장 내 사물들 간에 소통이 가능하도록 물리적 아날로그 신호를 디지털 신호로 변환하는 것으로 디지털화를 하면 무한대로 데이터를 복사할 수 있어 데이터 편집이 쉬워지고 데이터 통신이 자유롭게 이루어진다. 연결화는 사람을 포함한 모든 사물, 즉 공장 안에 존재하는 부품, 완제품, 설비, 공장, 건물, 기기를 연결하는 것으로, 이더넷이나 유무선 통신으로 설비를 연결해 생산 현황과 이상 유무를 관리한다. 작업자가 제조 라인에 서면 공정은 작업자의 역량, 경험 같은 것을 참고하여 합당한 공정을 수행하도록 지도해 주는 것이 연결화의 예라고 할 수 있다. 스마트화는 사물이 사람처럼 스스로 판단하고 행동하는 것을 말하는 것으로 지능화, 자율화와 같은 의미이다. 수집된 데이터를 분석하여 스스로 판단하는 스마트화는 스마트 팩토리의 필수 전제조건이다.
>
> 스마트 팩토리의 이점은 제조 단계별로 구분해 볼 수 있다. 먼저 기획·설계 단계에서는 제품 성능 시뮬레이션을 통해 제작기간을 단축시키고, 맞춤형 제품을 개발할 수 있다는 이점이 있다. 다음으로 생산 단계에서는 설비-자재-시스템 간 통신으로 다품종 대량생산, 에너지와 설비 효율 제고의 효과가 있다. 그리고 유통·판매 단계에서는 모기업과 협력사 간 실시간 연동을 통해 재고 비용을 감소시키고 품질, 물류 등 많은 분야를 협력할 수 있다.

① 스마트 팩토리는 최소 비용과 최소 시간으로 다품종 대량생산을 추구한다.

② 스마트 팩토리가 구현되기 위해서는 클라우드 기술, IoT기술, 인공지능 기술 등이 요구된다.

③ 디지털화는 공장 내 사물들 간에 소통이 가능하도록 디지털 신호를 물리적 아날로그 신호로 변환하는 것이다.

④ 스마트화는 사물이 사람과 같이 스스로 판단하고 행동하는 것으로 스마트 팩토리의 필수 전제조건이다.

⑤ 스마트 팩토리를 도입한다면 유통·판매 단계에서 재고 비용을 감소시킬 수 있는 이점이 있다.

디지털화는 공장 내 사물들 간에 소통이 가능하도록 물리적 아날로그 신호를 디지털 신호로 변환하는 것이다.
①② 두 번째 문단에서 언급하고 있다.
④ 세 번째 문단에서 언급하고 있다.
⑤ 마지막 문단에서 언급하고 있다.

12 다음에서 주장하고 있는 내용으로 적절한 것은?

> 기본적으로 한국 사회는 본격적인 자본주의 시대로 접어들었고 그것은 소비사회, 그리고 사회구성원들의 자기표현이 거대한 복제기술에 의존하는 대중문화 시대를 열었다. 현대인의 삶에서 대중매체의 중요성은 더욱 더 높아지고 있으며 따라서 이제 더 이상 대중문화를 무시하고 엘리트 문화지향성을 가진 교육을 하기는 힘든 시기에 접어들었다. 세계적인 음악가로 추대받고 있는 비틀즈도 영국 고등학교가 길러낸 음악가이다.

① 대중문화에 대한 검열이 필요하다.
② 한국에서 세계적인 음악가의 탄생을 위해 고등학교에서 음악 수업의 강화가 필요하다.
③ 한국 사회에서 대중문화를 인정하는 것은 중요하다.
④ 교양 있는 현대인의 배출을 위해 고전음악에 대한 교육이 필요하다.
⑤ 대중문화를 이끌어 갈 젊은 세대 육성에 힘을 쏟아야 한다.

 '이제 더 이상 대중문화를 무시하고 엘리트 문화지향성을 가진 교육을 하기는 힘든 시기에 접어들었다.' 가 이 글의 핵심 문장이라고 볼 수 있다. 따라서 대중문화의 중요성에 대해 말하고 있는 ③이 정답이다.

Answer ┌→ 11.③ 12.③

13 다음 글의 내용과 부합하는 것을 〈보기〉에서 모두 고르면?

> 가. "회원이 카드를 분실하거나 도난당한 경우에는 즉시 서면으로 신고하여야 하고 분실 또는 도난당한 카드가 타인에 의하여 부정사용되었을 경우에는 신고접수일 이후의 부정사용액에 대하여는 전액을 보상하나, 신고접수한 날의 전날부터 15일 전까지의 부정사용액에 대하여는 금 2백만 원의 범위 내에서만 보상하고, 16일 이전의 부정사용액에 대하여는 전액지급할 책임이 회원에게 있다."고 신용카드 발행회사 회원규약에 규정하고 있는 경우, 위와 같은 회원규약을 신의성실의 원칙에 반하는 무효의 규약이라고 볼 수 없다.
>
> 나. 카드의 월간 사용한도액이 회원 본인의 책임한도액이 되는 것은 아니므로 부정사용액 중 월간 사용한도액의 범위 내에서만 회원의 책임이 있는 것은 아니다.
>
> 다. 신용카드업법에 의하면 "신용카드가맹점은 신용카드에 의한 거래를 할 때마다 신용카드 상의 서명과 매출전표 상의 서명이 일치하는지를 확인하는 등 당해 신용카드가 본인에 의하여 정당하게 사용되고 있는지 여부를 확인하여야 한다."라고 규정하고 있다. 따라서 가맹점이 위와 같은 주의의무를 게을리하여 손해를 자초하거나 확대하였다면, 그 과실의 정도에 따라 회원의 책임을 감면해 주는 것이 거래의 안전을 위한 신의성실의 원칙상 정당하다.

> 〈보기〉
> ㉠ 신용카드사는 회원에 대하여 카드의 분실 및 도난 시 서면신고 의무를 부과하고, 부정사용액에 대한 보상액을 그 분실 또는 도난된 카드의 사용시기에 따라 상이하게 정할 수 있다.
> ㉡ 회원이 분실 또는 도난당한 카드가 타인에 의하여 부정사용되었을 경우, 신용카드사는 서면으로 신고 접수한 날 이후의 부정사용액에 대한 보상액을 제한할 수 있다.
> ㉢ 카드의 분실 또는 도난 사실을 서면으로 신고 접수한 날의 전날까지의 부정사용액에 대해서는 자신의 월간 카드사용한도액의 범위를 초과하여 회원이 책임을 질 수 있다.
> ㉣ 신용카드가맹점이 신용카드의 부정사용 여부를 확인하지 않은 경우에는 가맹점 과실의 경중을 묻지 않고 회원의 모든 책임이 면제된다.

① ㉠, ㉡   ② ㉠, ㉢

③ ㉡, ㉢   ④ ㉡, ㉣

⑤ ㉢, ㉣

 ㉡ 회원이 분실 또는 도난당한 카드가 타인에 의하여 부정사용되었을 경우, 신용카드사는 서면으로 신고 접수한 날 이후의 부정사용액에 대해서는 전액 보상한다. 다만, 신고접수한 날의 전날부터 15일 전까지의 부정사용액에 대하여는 금 2백만 원의 범위로 제한할 수 있으며 16일 이전의 부정사용액에 대해서는 전액 지급할 책임이 회원에게 있다.
㉣ 신용카드가맹점이 신용카드의 부정사용 여부를 확인하지 않은 경우에는 그 과실의 정도에 따라 회원의 책임을 감면해 주는 것이지, 회원의 모든 책임이 면제되는 것은 아니다.

14 다음 글의 내용과 일치하지 않는 것은?

> 국민연금법이 정한 급여의 종류에는 노령연금, 장애연금, 유족연금, 반환일시금이 있다. 그 중 노령연금은 국민연금에 10년 이상 가입하였던 자 또는 10년 이상 가입 중인 자에게 만 60세가 된 때부터 그가 생존하는 동안 지급하는 급여를 말한다. 노령연금을 받을 권리자(노령연금 수급권자)와 이혼한 사람도 일정한 요건을 충족하면 노령연금을 분할한 일정 금액의 연금을 받을 수 있는데, 이를 분할연금이라 한다. 분할연금은 혼인기간 동안 보험료를 내는 데 부부가 힘을 합쳤으니 이혼 후에도 연금을 나누는 것이 공평하다는 취지가 반영된 것이다. 분할연금을 받기 위해서는 혼인기간(배우자의 국민연금 가입기간 중의 혼인기간만 해당)이 5년 이상인자로서, 배우자와 이혼하였고, 배우자였던 사람이 노령연금 수급권자이며, 만 60세 이상이 되어야 한다. 이러한 요건을 모두 갖추게 된 때부터 3년 이내에 분할연금을 청구하면, 분할연금 수급권자는 생존하는 동안 분할연금을 수령할 수 있다. 한편 공무원연금, 군인연금, 사학연금 등에서는 연금가입자와 이혼한 사람에게 분할연금을 인정하고 있지 않다.

① 요건을 모두 갖추었더라도 3년 내에 청구하지 않으면 분할연금을 받을 수 없다.

② 국민연금 가입기간이 10년째인 남자와 결혼한 여자가 4년 만에 이혼한 경우 여자는 남자가 받는 노령연금의 분할연금을 받을 수 있다.

③ 이혼자가 분할연금을 받을 수 있는 이유는 혼인기간동안 보험료를 내는데 부부가 힘을 합쳤기 때문이다.

④ 모든 연금법에서 이혼자에 대한 분할연금을 인정하고 있지는 않다.

⑤ 국민연금법이 정한 급여의 종류에는 노령연금 외에도 장애연금과 유족연금, 반환일시금이 있다.

 ② 여자는 지문에서 나타난 '혼인기간(배우자의 국민연금 가입기간 중의 혼인기간만 해당)이 5년 이상 인 자'라는 요건을 갖추지 못했다.

Answer ➭ 13.② 14.②

|15~16| 다음은 우리나라의 공적연금제도와 관련된 설명이다. 물음에 답하시오.

　　사람들은 은퇴 이후 소득이 급격하게 줄어드는 위험에 처할 수 있다. 이러한 위험이 발생할 경우 일정 수준의 생활(소득)을 보장해 주기 위한 제도가 공적연금제도이다. 우리나라의 공적연금제도에는 대표적으로 국민의 노후 생계를 보장해 주는 국민연금이 있다. 공적연금제도는 강제가입을 원칙으로 한다. 연금은 가입자가 비용은 현재 지불하지만 그 편익은 나중에 얻게 된다. 그러나 사람들은 현재의 욕구를 더 긴박하고 절실하게 느끼기 때문에 불확실한 미래의 편익을 위해서 당장은 비용을 지불하지 않으려는 경향이 있다. 또한 국가는 사회보장제도를 통하여 젊은 시절에 노후를 대비하지 않은 사람들에게도 최저생계를 보장해준다. 이 경우 젊었을 때 연금에 가입하여 성실하게 납부한 사람들이 방만하게 생활한 사람들의 노후생계를 위해 세금을 추가로 부담해야 하는 문제가 생긴다. 그러므로 국가가 나서서 강제로 연금에 가입하도록 하는 것이다.

　　공적연금제도의 재원을 충당하는 방식은 연금 관리자의 입장과 연금 가입자의 입장에서 각기 다르게 나누어 볼 수 있다. 연금 관리자의 입장에서는 '적립방식'과 '부과방식'의 두 가지가 있다. '적립방식'은 가입자가 낸 보험료를 적립해 기금을 만들고 이 기금에서 나오는 수익으로 가입자가 납부한 금액에 비례하여 연금을 지급하지만, 연금액은 확정되지 않는다. '적립방식'은 인구 구조가 변하더라도 국가는 재정을 투입할 필요가 없고, 받을 연금과 내는 보험료의 비율이 누구나 일정하므로 보험료 부담이 공평하다. 하지만 일정한 기금이 형성되기 전까지는 연금을 지급할 재원이 부족하므로, 제도 도입 초기에는 연금 지급이 어렵다. '부과방식'은 현재 일하고 있는 사람들에게서 거둔 보험료로 은퇴자에게 사전에 정해진 금액만큼 연금을 지급하는 것이다. 이는 '적립방식'과 달리 세대 간 소득재분배 효과가 있으며, 제도 도입과 동시에 연금 지급을 개시할 수 있다는 장점이 있다. 다만 인구 변동에 따른 불확실성이 있다. 노인 인구가 늘어나 역삼각형의 인구구조가 만들어질 때는 젊은 세대의 부담이 증가되어 연금 제도를 유지하기가 어려워질 수 있다.

　　연금 가입자의 입장에서는 납부하는 금액과 지급 받을 연금액의 관계에 따라 확정기여방식과 확정급여방식으로 나눌 수 있다. 확정기여방식은 가입자가 일정한 액수나 비율로 보험료를 낼 것만 정하고 나중에 받을 연금의 액수는 정하지 않는 방식이다. 이는 연금 관리자의 입장에서 보면 '적립방식'으로 연금 재정을 운용하는 것이다. 그래서 이 방식은 이자율이 낮아지거나 연금 관리자가 효율적으로 기금을 관리하지 못하는 경우에 개인이 손실 위험을 떠안게 된다. 또한 물가가 인상되는 경우 확정기여에 따른 적립금의 화폐가치가 감소되는 위험도 가입자가 감수해야 한다. 확정급여방식은 가입자가 얼마의 연금을 받을 지를 미리 정해 놓고, 그에 따라 개인이 납부할 보험료를 정하는 방식이다. 이는 연금 관리자의 입장에서는 '부과방식'으로 연금 재정을 운용하는 것이다. 나중에 받을 연금을 미리정하면 기금 운용 과정에서 발생하는 투자의 실패는 연금 관리자가 부담하게 된다. 그러나 이 경우에도 물가상승에 따른 손해는 가입자가 부담해야 하는 단점이 있다.

15 공적연금의 재원 충당 방식 중 '적립방식'과 '부과방식'을 비교한 내용으로 적절하지 않은 것은?

	항목	적립방식	부과방식
①	연금 지급 재원	가입자가 적립한 기금	현재 일하는 세대의 보험료
②	연금 지급 가능 시기	일정한 기금이 형성된 이후	제도 시작 즉시
③	세대 간 부담의 공평성	세대 간 공평성 미흡	세대 간 공평성 확보
④	소득 재분배 효과	소득 재분배 어려움	소득 재분배 가능
⑤	인구 변동 영향	받지 않음	받음

 ③ 받을 연금과 내는 보험료의 비율이 누구나 일정하여 보험료 부담이 공평한 것은 적립방식이다. 부과 방식은 현재 일하고 있는 사람들에게서 거둔 보험료를 은퇴자에게 사전에 정해진 금액만큼 연금을 지급 하는 것으로, 노인 인구가 늘어날 경우 젊은 세대의 부담이 증가할 수 있다고 언급하고 있다.

16 위 내용을 바탕으로 다음 상황에 대해 분석할 때 적절하지 않은 결론을 도출한 사람은?

> A회사는 이번에 공적연금 방식을 준용하여 퇴직연금 제도를 새로 도입하기로 하였다. 이에 회 사는 직원들이 퇴직연금 방식을 확정기여방식과 확정급여방식 중에서 선택할 수 있도록 하였다.

① 확정기여방식은 부담금이 공평하게 나눠지는 측면에서 장점이 있어.

② 확정기여방식은 기금을 운용할 회사의 능력에 따라 나중에 받을 연금액이 달라질 수 있어.

③ 확정기여방식은 기금의 이자 수익률이 물가상승률보다 높으면 연금액의 실질적 가치가 상승 할 수 있어.

④ 확정급여방식은 물가가 많이 상승하면 연금액의 실질적 가치가 하락할 수 있어.

⑤ 확정급여방식은 투자 수익이 부실할 경우 가입자가 보험료를 추가로 납부해야 하는 문제가 있어.

 ⑤ 확정급여방식의 경우 나중에 얼마의 연금을 받을 지 미리 정해놓고 보험료를 납부하는 것으로 기금 운용 과정에서 발생하는 투자의 실패를 연금 관리자가 부담하게 된다. 따라서 투자 수익이 부실한 경우 에도 가입자가 보험료를 추가로 납부해야 하는 문제는 발생하지 않는다.

Answer ☞ 15.③ 16.⑤

17 다음을 근거로 판단할 때 금융기관 등이 의무적으로 해야 할 일이 아닌 것을 〈보기〉에서 모두 고르면?

〈혐의거래보고 기본체계〉

1) 혐의거래보고의 대상

금융기관 등은 ①원화 2천만 원 또는 외화 1만 달러 상당 이상의 거래로서 금융재산이 불법재산이거나 금융거래 상대방이 자금세탁행위를 하고 있다고 의심할 만한 합당한 근거가 있는 경우, ②범죄수익 또는 자금세탁행위를 알게 되어 수사기관에 신고한 경우에는 의무적으로 금융정보분석원에 혐의거래보고를 하여야 한다.

의무보고대상거래를 보고하지 않을 경우에는 관련 임직원에 대한 징계 및 기관에 대한 과태료 부과 등 적절한 제재조치를 할 수 있다. 또한, 혐의거래 중 거래액이 보고대상 기준금액 미만인 경우에 금융기관은 이를 자율적으로 보고할 수 있다.

2) 혐의거래보고의 방법 및 절차

영업점직원은 업무지식과 전문성, 경험을 바탕으로 고객의 평소 거래상황, 직업, 사업내용 등을 고려하여 취급한 금융거래가 혐의거래로 의심되면 그 내용을 보고책임자에게 보고한다. 보고책임자는 특정금융거래정보보고 및 감독규정의 별지서식에 의한 혐의거래보고서에 보고기관, 거래상대방, 의심스러운 거래내용, 의심스러운 합당한 근거, 보존하는 자료의 종류 등을 기재하여 온라인으로 보고하거나 문서로 제출하되, 긴급한 경우에는 우선 전화나 팩스로 보고하고 추후 보완할 수 있다.

〈보기〉

㉠ A은행은 창구에서 3천만 원을 현금으로 인출하려는 고객의 금융재산이 불법재산이라고 의심할 만한 합당한 근거가 있어 혐의거래보고를 한다.

㉡ B은행이 자금세탁행위로 신고하여 검찰수사를 받고 있는 거래에 대하여 B은행은 혐의거래보고서를 금융정보분석원에 제출한다.

㉢ C은행은 10억 원을 해외송금하는 거래자에 대해 뚜렷이 의심할 만한 근거는 없으나 거액의 거래이므로 혐의거래보고를 한다.

㉣ D은행은 의심할 만한 합당한 근거가 있는 거래에 대해 혐의거래보고서를 완벽하게 작성하지 못했지만 신속한 조사를 위해 팩스로 검찰청에 제출한다.

㉤ E은행은 5백만 원을 현금으로 인출하는 거래에 대해 의심할 만한 합당한 근거를 찾고 혐의거래보고서를 금융정보분석원에 제출한다.

① ㉠, ㉡
② ㉢, ㉣
③ ㉡, ㉣, ㉤
④ ㉡, ㉢, ㉤
⑤ ㉢, ㉣, ㉤

⊙ 혐의거래보고의 대상 ①에 해당하는 사례로 의무적으로 금융정보분석원에 혐의거래보고를 하여야 한다.

ⓛ 혐의거래보고의 대상 ②에 해당하는 사례로 의무적으로 금융정보분석원에 혐의거래보고를 하여야 한다.

ⓒ 의심할 만한 합당한 근거가 없으므로 의무적으로 혐의거래보고를 해야 하는 것은 아니다.

ⓓ 의무적으로 혐의거래보고를 하여야 하는 것은 금융정보분석원에 해당한다. 검찰청에 제출하는 것은 의무적으로 해야 하는 일은 아니다.

ⓔ 거래액이 보고대상 기준금액인 원화 2천만 원 미만이므로 금융기관은 이를 자율적으로 보고할 수 있다.

18 다음 글의 빈칸에 들어갈 내용으로 가장 적절한 것은?

> 동양화의 특징인 여백의 표현도 산점 투시(散點透視)와 관련된 것이다. 동양화에서는 산점 투시를 택하여 구도를 융통성 있게 짜기 때문에 유모취신(遺貌取神)적 관찰 내용을 화면에 그대로 표현할 수 있다. 즉 대상 가운데 주제와 사상을 가장 잘 나타낼 수 있는 본질적인 부분만을 취하고, _____ 그 결과 여백이 생기게 된 것이다. 이 여백은 하늘일 수도 있고 땅일 수도 있으며, 혹은 화면에서 제거된 기타 여러 가지일 수도 있다. 그런데 여백은 단순히 비어 있는 공간은 아니다. 그것은 주제를 돋보이게 할 뿐 아니라 동시에 화면의 의경(意境)을 확대시킨다. 당나라 시대 백거이는 '비파행(琵琶行)'이라는 유명한 시에서 악곡이 쉬는 부분을 묘사할 때, "이 때에는 소리를 내지 않는 것이 소리를 내는 것보다 더 낫다."라고 하였다. 여기서 '일시적으로 소리를 쉬는 것'은 악곡 선율의 연속인데, 이는 '뜻은 다달았으되 붓이 닿지 않은 것'과 같은 뜻이다. 이로 인해 보는 이는 상상력을 발휘할 수 있는 여지를 더 많이 가질 수 있고, 동시에 작품은 예술적 공감대를 확대하게 된다.

① 풍경을 최대한 자세하게 표현한다.

② 주변 인물들의 표정을 과장되게 묘사한다.

③ 주제와 관련 없는 부분을 화면에서 제거한다.

④ 나머지는 추상적으로 표현하여 궁금증을 유발시킨다.

⑤ 화면을 여러 가지 화려한 색으로 채색한다.

 주어진 글은 미술, 음악 등 작품에서 본질적인 부분만을 취하고 '주제와 관련 없는 부분을 화면에서 제거'하는 '여백의 미'에 대한 내용이다.

Answer ↦ 17.⑤ 18.③

19 다음 글을 읽고 녹차와 홍차에 대한 설명으로 옳은 것을 고르면?

　　차는 차나무에서 딴 어린잎을 가공하여 만든 음료를 말한다. 차의 종류는 셀 수 없을 정도로 많지만 세계적으로 가장 사랑받는 차를 꼽자면 단연 녹차와 홍차이다. 녹차는 녹탕녹엽(綠湯綠葉), 홍차는 홍탕홍엽(紅湯紅葉)의 특징을 갖는다. 찻물과 찻잎의 색이 녹차는 녹색, 홍차는 홍색이어서 붙여진 이름이다.

　　녹차는 녹색을 유지하기 위해 생엽을 따서 바로 솥에 볶거나 증기를 쬐어 산화의 진행을 막는다. 그런 다음 모양을 만들어 주기 위해 찻잎을 주무르고 비비는 유념과정을 거친 후 건조하여 완성한다. 홍차는 찻잎을 따서 일정시간 동안 찻잎을 널어 말리는 위조과정과 찻잎에 물리적 힘을 가해 세포를 파괴하는 유념과정을 거쳐 마지막으로 발효시킨 후 건조하여 완성한다.

　　그런데 녹차든 홍차든 좋은 차를 만들기 위해서는 차나무의 품종을 가장 먼저 고려해야 한다. 차나무는 토양, 기후, 강수량 등 자라나는 환경에 의해 많은 영향을 받는다. 중국의 운남, 인도, 스리랑카 등의 더운 나라에서는 줄기가 굵고 키가 큰 교목형과 잎이 큰 대엽종이 많고 재배된다. 반대로 우리나라와 일본과 같이 겨울이 추운 나라는 줄기가 가늘고 키가 작은 관목형과 잎이 비교적 작은 중·소엽종의 차나무가 많다.

　　찻잎에는 폴리페놀(Polyphenol)과 아미노산(Amino Acid) 성분이 있다. 대엽종에는 쓴맛을 내는 폴리페놀이 많고, 소엽종에는 감칠맛을 내는 아미노산이 많다. 차의 품질은 폴리페놀과 아미노산에 의해 결정되는데, 이 두 성분은 마치 시소와 같아 폴리페놀이 많아지면 아미노산이 줄어들고 아미노산이 많아지면 폴리페놀이 줄어드는 특징을 보인다. 품질이 좋은 홍차는 물에 우렸을 때 매혹적인 붉은 색을 띠며 수면 가장자리에 금색의 띠, 일명 골든링이 생긴다. 이것은 찻잎 속의 폴리페놀이 산화하면서 생성되는 현상으로, 폴리페놀의 함량이 많을수록 산화물이 많아져 홍차를 더욱 아름답게 만든다.

　　이와 대조적으로 녹차는 투명한 푸른빛 색과 싱그러운 맛이 특징적이다. 녹차는 산화를 시키지 않기 때문에 폴리페놀이 많으면 차 맛이 써지면서 질을 떨어뜨린다. 그러므로 홍차는 폴리페놀의 함량이 많은 대엽종이 적합하고, 녹차는 폴리페놀의 함량이 낮고 아미노산의 함량이 높은 소엽종이 적합하다. 대엽종이 잘 자라는 인도, 스리랑카 등지에서는 주로 홍차(다르질링, 실론티)가 유명하고, 중·소엽종이 잘 자라는 우리나라와 일본에서 생산된 녹차가 인기가 많은 것도 이러한 이유에서이다.

① 녹차는 찻물과 찻잎의 색이 같지만, 홍차는 찻물과 찻잎의 색이 다르다.
② 녹차는 위조, 유념, 발효, 건조 과정을 거쳐서 완성된다.
③ 아미노산 성분이 많은 찻잎은 폴리페놀 성분이 적게 들어 있다.
④ 홍차 수면에 골든링이 보인다면 폴리페놀 함량이 적은 것이다.
⑤ 일본에서 차나무를 재배한다면 소엽종보다 대엽종이 적합하다.

네 번째 문단에 따르면 폴리페놀과 아미노산 성분은 마치 시소와 같아 폴리페놀이 많아지면 아미노산이 줄어들고 아미노산이 많아지면 폴리페놀이 줄어드는 특징을 보인다고 언급하고 있다.
① 찻물과 찻잎의 색이 녹차는 녹색, 홍차는 홍색으로 찻물과 찻잎의 색이 같다.
② 녹차는 생엽을 바로 솥에 볶거나 증기를 쬔 후 유념, 건조하여 완성한다. 위조, 유념, 발효, 건조 과정을 거치는 것은 홍차이다.
④ 홍차 수면 가장자리에 골든링은 찻잎 속의 폴리페놀이 산화하면서 생성되는 것으로 폴리페놀의 함량이 많을수록 산화물이 많아진다.
⑤ 우리나라와 일본과 같이 겨울이 추운 나라는 잎이 비교적 작은 중·소엽종의 차나무가 적합하다.

20 다음 글을 바탕으로 하여 빈칸을 쓰되 예시를 사용하여 구체적으로 진술하고자 할 때, 가장 적절한 것은?

> 사람들은 경쟁을 통해서 서로의 기술이나 재능을 최대한 발휘할 수 있는 기회를 갖게 된다. 즉, 개인이나 집단이 남보다 먼저 목표를 성취하려면 가장 효과적으로 목표에 접근하여야 하며 그러한 경로를 통해 경제적으로나 시간적으로 가장 효율적으로 목표를 성취한다면 사회 전체로 볼 때 이익이 된다. 그러나 이러한 경쟁에 전제되어야 할 것은 많은 사람들의 합의로 정해진 경쟁의 규칙을 반드시 지켜야 한다는 것이다. 즉, _____

① 농구나 축구, 마라톤과 같은 운동 경기에서 규칙과 스포츠맨십이 지켜져야 하는 것처럼 경쟁도 합법적이고 도덕적인 방법으로 이루어져야 하는 것이다.
② 21세기의 무한 경쟁 시대에 우리가 살아남기 위해서는 기초 과학 분야에 대한 육성노력이 더욱 필요한 것이다.
③ 지구, 금성, 목성 등의 행성들이 태양을 중심으로 공전하는 것처럼 경쟁도 하나의 목표를 향하여 질서 있는 정진(精進)이 필요한 것이다.
④ 가수는 가창력이 있어야 하고, 배우는 연기에 대한 재능이 있어야 하듯이 경쟁은 자신의 적성과 소질을 항상 염두에 두고 이루어져야 한다.
⑤ 모로 가도 서울만 가면 된다고 어떤 수단과 방법을 쓰든 경쟁에서 이기기만 하면 되는 것이다.

 경쟁은 둘 이상의 사람이 하나의 목표를 향해서 다른 사람보다 노력하는 것이며, 이 때 경쟁의 전제가 되는 것은 합의에 의한 경쟁 규칙을 반드시 지켜야 한다는 점이므로 빈칸에는 '경쟁은 정해진 규칙을 꼭 지키는 가운데서 이루어져야 한다.'는 내용이 올 수 있을 것이다. 농구나 축구, 그리고 마라톤 등의 운동 경기는 자신의 소속 팀을 위해서 또는 자기 자신을 위해서 다른 팀이나 타인과 경쟁하는 것이며, 스포츠맨십은 규칙의 준수와 관련이 있으므로 글에서 말하는 경쟁의 한 예로 적합하다.

Answer ➡ 19.③ 20.①

02 수리능력

1 직장생활과 수리능력

(1) 기초직업능력으로서의 수리능력

① 개념 : 직장생활에서 요구되는 사칙연산과 기초적인 통계를 이해하고 도표의 의미를 파악하거나 도표를 이용해서 결과를 효과적으로 제시하는 능력을 말한다.

② 수리능력은 크게 기초연산능력, 기초통계능력, 도표분석능력, 도표작성능력으로 구성된다.
  ㉠ 기초연산능력 : 직장생활에서 필요한 기초적인 사칙연산과 계산방법을 이해하고 활용할 수 있는 능력
  ㉡ 기초통계능력 : 평균, 합계, 빈도 등 직장생활에서 자주 사용되는 기초적인 통계기법을 활용하여 자료의 특성과 경향성을 파악하는 능력
  ㉢ 도표분석능력 : 그래프, 그림 등 도표의 의미를 파악하고 필요한 정보를 해석하는 능력
  ㉣ 도표작성능력 : 도표를 이용하여 결과를 효과적으로 제시하는 능력

(2) 업무수행에서 수리능력이 활용되는 경우

① 업무상 계산을 수행하고 결과를 정리하는 경우

② 업무비용을 측정하는 경우

③ 고객과 소비자의 정보를 조사하고 결과를 종합하는 경우

④ 조직의 예산안을 작성하는 경우

⑤ 업무수행 경비를 제시해야 하는 경우

⑥ 다른 상품과 가격비교를 하는 경우

⑦ 연간 상품 판매실적을 제시하는 경우

⑧ 업무비용을 다른 조직과 비교해야 하는 경우

⑨ 상품판매를 위한 지역조사를 실시해야 하는 경우

⑩ 업무수행과정에서 도표로 주어진 자료를 해석하는 경우

⑪ 도표로 제시된 업무비용을 측정하는 경우

예제 1

다음 자료를 보고 주어진 상황에 대한 물음에 답하시오.

〈근로소득에 대한 간이 세액표〉

월 급여액(천 원) [비과세 및 학자금 제외]		공제대상 가족 수				
이상	미만	1	2	3	4	5
2,500	2,520	38,960	29,280	16,940	13,570	10,190
2,520	2,540	40,670	29,960	17,360	13,990	10,610
2,540	2,560	42,380	30,640	17,790	14,410	11,040
2,560	2,580	44,090	31,330	18,210	14,840	11,460
2,580	2,600	45,800	32,680	18,640	15,260	11,890
2,600	2,620	47,520	34,390	19,240	15,680	12,310
2,620	2,640	49,230	36,100	19,900	16,110	12,730
2,640	2,660	50,940	37,810	20,560	16,530	13,160
2,660	2,680	52,650	39,530	21,220	16,960	13,580
2,680	2,700	54,360	41,240	21,880	17,380	14,010
2,700	2,720	56,070	42,950	22,540	17,800	14,430
2,720	2,740	57,780	44,660	23,200	18,230	14,850
2,740	2,760	59,500	46,370	23,860	18,650	15,280

※ 갑근세는 제시되어 있는 간이 세액표에 따름
※ 주민세=갑근세의 10%
※ 국민연금=급여액의 4.50%
※ 고용보험=국민연금의 10%
※ 건강보험=급여액의 2.90%
※ 교육지원금=분기별 100,000원(매 분기별 첫 달에 지급)

박○○ 사원의 5월 급여내역이 다음과 같고 전월과 동일하게 근무하였으나 특별수당은 없고 차량지원금으로 100,000원을 받게 된다면, 6월에 받게 되는 급여는 얼마인가? (단, 원 단위 절삭)

(주) 서원플랜테크 5월 급여내역			
성명	박○○	지급일	5월 12일
기본급여	2,240,000	갑근세	39,530
직무수당	400,000	주민세	3,950
명절 상여금		고용보험	11,970
특별수당	20,000	국민연금	119,700
차량지원금		건강보험	77,140
교육지원		기타	
급여계	2,660,000	공제합계	252,290
		지급총액	2,407,710

① 2,443,910
② 2,453,910
③ 2,463,910
④ 2,473,910

[출제의도]
업무상 계산을 수행하거나 결과를 정리하고 업무비용을 측정하는 능력을 평가하기 위한 문제로서, 주어진 자료에서 문제를 해결하는 데에 필요한 부분을 빠르고 정확하게 찾아내는 것이 중요하다.
[해설]

기본 급여	2,240,000	갑근세	46,370
직무 수당	400,000	주민세	4,630
명절 상여금		고용 보험	12,330
특별 수당		국민 연금	123,300
차량 지원금	100,000	건강 보험	79,460
교육 지원		기타	
급여계	2,740,000	공제 합계	266,090
		지급 총액	2,473,910

답 ④

(3) 수리능력의 중요성

① 수학적 사고를 통한 문제해결

② 직업세계의 변화에의 적응

③ 실용적 가치의 구현

(4) 단위환산표

구분	단위환산
길이	$1\text{cm} = 10\text{mm}$, $1\text{m} = 100\text{cm}$, $1\text{km} = 1,000\text{m}$
넓이	$1\text{cm}^2 = 100\text{mm}^2$, $1\text{m}^2 = 10,000\text{cm}^2$, $1\text{km}^2 = 1,000,000\text{m}^2$
부피	$1\text{cm}^3 = 1,000\text{mm}^3$, $1\text{m}^3 = 1,000,000\text{cm}^3$, $1\text{km}^3 = 1,000,000,000\text{m}^3$
들이	$1\text{m}\ell = 1\text{cm}^3$, $1\text{d}\ell = 100\text{cm}^3$, $1\text{L} = 1,000\text{cm}^3 = 10\text{d}\ell$
무게	$1\text{kg} = 1,000\text{g}$, $1\text{t} = 1,000\text{kg} = 1,000,000\text{g}$
시간	$1분 = 60초$, $1시간 = 60분 = 3,600초$
할푼리	$1푼 = 0.1할$, $1리 = 0.01할$, $1모 = 0.001할$

예제 2

둘레의 길이가 4.4km인 정사각형 모양의 공원이 있다. 이 공원의 넓이는 몇 a인가?

① 12,100a

② 1,210a

③ 121a

④ 12.1a

[출제의도]
길이, 넓이, 부피, 들이, 무게, 시간, 속도 등 단위에 대한 기본적인 환산 능력을 평가하는 문제로서, 소수점 계산이 필요하며, 자릿수를 읽고 구분할 줄 알아야 한다.

[해설]
공원의 한 변의 길이는
$4.4 \div 4 = 1.1(\text{km})$이고
$1\text{km}^2 = 10,000\text{a}$이므로
공원의 넓이는
$1.1\text{km} \times 1.1\text{km} = 1.21km^2$
$= 12,100a$

답 ①

2 수리능력을 구성하는 하위능력

(1) 기초연산능력

① **사칙연산** : 수에 관한 덧셈, 뺄셈, 곱셈, 나눗셈의 네 종류의 계산법으로 업무를 원활하게 수행하기 위해서는 기본적인 사칙연산뿐만 아니라 다단계의 복잡한 사칙연산까지도 수행할 수 있어야 한다.

② **검산** : 연산의 결과를 확인하는 과정으로 대표적인 검산방법으로 역연산과 구거법이 있다.

　ㄱ **역연산** : 덧셈은 뺄셈으로, 뺄셈은 덧셈으로, 곱셈은 나눗셈으로, 나눗셈은 곱셈으로 확인하는 방법이다.

　ㄴ **구거법** : 원래의 수와 각 자리 수의 합이 9로 나눈 나머지가 같다는 원리를 이용한 것으로 9를 버리고 남은 수로 계산하는 것이다.

예제 3

다음 식을 바르게 계산한 것은?

$$1 + \frac{2}{3} + \frac{1}{2} - \frac{3}{4}$$

① $\frac{13}{12}$

② $\frac{15}{12}$

③ $\frac{17}{12}$

④ $\frac{19}{12}$

[출제의도]
직장생활에서 필요한 기초적인 사칙연산과 계산방법을 이해하고 활용할 수 있는 능력을 평가하는 문제로서, 분수의 계산과 통분에 대한 기본적인 이해가 필요하다.

[해설]
$$\frac{12}{12} + \frac{8}{12} + \frac{6}{12} - \frac{9}{12} = \frac{17}{12}$$

답 ③

---

(2) 기초통계능력

① **업무수행과 통계**

　ㄱ **통계의 의미** : 통계란 집단현상에 대한 구체적인 양적 기술을 반영하는 숫자이다.

　ㄴ 업무수행에 통계를 활용함으로써 얻을 수 있는 이점

　　• 많은 수량적 자료를 처리가능하고 쉽게 이해할 수 있는 형태로 축소

　　• 표본을 통해 연구대상 집단의 특성을 유추

　　• 의사결정의 보조수단

　　• 관찰 가능한 자료를 통해 논리적으로 결론을 추출·검증

© 기본적인 통계치
- 빈도와 빈도분포 : 빈도란 어떤 사건이 일어나거나 증상이 나타나는 정도를 의미하며, 빈도분포란 빈도를 표나 그래프로 종합적으로 표시하는 것이다.
- 평균 : 모든 사례의 수치를 합한 후 총 사례 수로 나눈 값이다.
- 백분율 : 전체의 수량을 100으로 하여 생각하는 수량이 그중 몇이 되는가를 퍼센트로 나타낸 것이다.

② 통계기법
  ⊙ 범위와 평균
- 범위 : 분포의 흩어진 정도를 가장 간단히 알아보는 방법으로 최곳값에서 최젓값을 뺀 값을 의미한다.
- 평균 : 집단의 특성을 요약하기 위해 가장 자주 활용하는 값으로 모든 사례의 수치를 합한 후 총 사례 수로 나눈 값이다.
- 관찰값이 1, 3, 5, 7, 9일 경우 범위는 $9 - 1 = 8$이 되고, 평균은 $\dfrac{1+3+5+7+9}{5} = 5$가 된다.

  ⊙ 분산과 표준편차
- 분산 : 관찰값의 흩어진 정도로, 각 관찰값과 평균값의 차의 제곱의 평균이다.
- 표준편차 : 평균으로부터 얼마나 떨어져 있는가를 나타내는 개념으로 분산값의 제곱근 값이다.
- 관찰값이 1, 2, 3이고 평균이 2인 집단의 분산은 $\dfrac{(1-2)^2 + (2-2)^2 + (3-2)^2}{3} = \dfrac{2}{3}$이고 표준편차는 분산값의 제곱근 값인 $\sqrt{\dfrac{2}{3}}$이다.

③ 통계자료의 해석
  ⊙ 다섯숫자요약
- 최솟값 : 원자료 중 값의 크기가 가장 작은 값
- 최댓값 : 원자료 중 값의 크기가 가장 큰 값
- 중앙값 : 최솟값부터 최댓값까지 크기에 의하여 배열했을 때 중앙에 위치하는 사례의 값
- 하위 25%값 · 상위 25%값 : 원자료를 크기 순으로 배열하여 4등분한 값
  ⊙ 평균값과 중앙값 : 평균값과 중앙값은 그 개념이 다르기 때문에 명확하게 제시해야 한다.

예제 4

인터넷 쇼핑몰에서 회원가입을 하고 디지털캠코더를 구매하려고 한다. 다음은 구입하고자 하는 모델에 대하여 인터넷 쇼핑몰 세 곳의 가격과 조건을 제시한 표이다. 표에 있는 모든 혜택을 적용하였을 때 디지털캠코더의 배송비를 포함한 실제 구매가격을 바르게 비교한 것은?

구분	A 쇼핑몰	B 쇼핑몰	C 쇼핑몰
정상가격	129,000원	131,000원	130,000원
회원혜택	7,000원 할인	3,500원 할인	7% 할인
할인쿠폰	5% 쿠폰	3% 쿠폰	5,000원
중복할인여부	불가	가능	불가
배송비	2,000원	무료	2,500원

① A<B<C

② B<C<A

③ C<A<B

④ C<B<A

[출제의도]
직장생활에서 자주 사용되는 기초적인 통계기법을 활용하여 자료의 특성과 경향성을 파악하는 능력이 요구되는 문제이다.
[해설]
㉠ A 쇼핑몰
• 회원혜택을 선택한 경우 : 129,000 −7,000+2,000=124,000(원)
• 5% 할인쿠폰을 선택한 경우 : 129,000×0.95+2,000=124,550
㉡ B 쇼핑몰 : 131,000×0.97−3,500=123,570
㉢ C 쇼핑몰
• 회원혜택을 선택한 경우 : 130,000×0.93+2,500=123,400
• 5,000원 할인쿠폰을 선택한 경우 : 130,000−5,000+2,500=127,500
∴ C<B<A

답 ④

(3) 도표분석능력

① 도표의 종류

㉠ 목적별 : 관리(계획 및 통제), 해설(분석), 보고

㉡ 용도별 : 경과 그래프, 내역 그래프, 비교 그래프, 분포 그래프, 상관 그래프, 계산 그래프

㉢ 형상별 : 선 그래프, 막대 그래프, 원 그래프, 점 그래프, 층별 그래프, 레이더 차트

② 도표의 활용

㉠ 선 그래프

• 주로 시간의 경과에 따라 수량에 의한 변화 상황(시계열 변화)을 절선의 기울기로 나타내는 그래프이다.

• 경과, 비교, 분포를 비롯하여 상관관계 등을 나타낼 때 쓰인다.

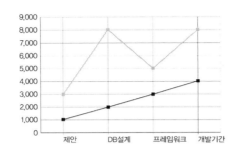

© 막대 그래프

- 비교하고자 하는 수량을 막대 길이로 표시하고 그 길이를 통해 수량 간의 대소관계를 나타내는 그래프이다.
- 내역, 비교, 경과, 도수 등을 표시하는 용도로 쓰인다.

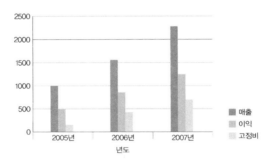

© 원 그래프

- 내역이나 내용의 구성비를 원을 분할하여 나타낸 그래프이다.
- 전체에 대해 부분이 차지하는 비율을 표시하는 용도로 쓰인다.

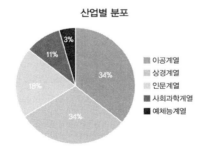

ⓔ 점 그래프
- 종축과 횡축에 2요소를 두고 보고자 하는 것이 어떤 위치에 있는가를 나타내는 그래프이다.
- 지역분포를 비롯하여 도시, 기방, 기업, 상품 등의 평가나 위치·성격을 표시하는데 쓰인다.

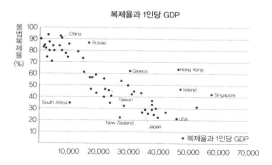

ⓜ 층별 그래프
- 선 그래프의 변형으로 연속내역 봉 그래프라고 할 수 있다. 선과 선 사이의 크기로 데이터 변화를 나타낸다.
- 합계와 부분의 크기를 백분율로 나타내고 시간적 변화를 보고자 할 때나 합계와 각 부분의 크기를 실수로 나타내고 시간적 변화를 보고자 할 때 쓰인다.

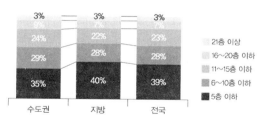

ⓗ 레이더 차트(거미줄 그래프)
- 원 그래프의 일종으로 비교하는 수량을 직경, 또는 반경으로 나누어 원의 중심에서의 거리에 따라 각 수량의 관계를 나타내는 그래프이다.
- 비교하거나 경과를 나타내는 용도로 쓰인다.

③ 도표 해석상의 유의사항
　　㉠ 요구되는 지식의 수준을 넓힌다.
　　㉡ 도표에 제시된 자료의 의미를 정확히 숙지한다.
　　㉢ 도표로부터 알 수 있는 것과 없는 것을 구별한다.
　　㉣ 총량의 증가와 비율의 증가를 구분한다.
　　㉤ 백분위수와 사분위수를 정확히 이해하고 있어야 한다.

예제 5

다음 표는 2009 ~ 2010년 지역별 직장인들의 자기개발에 관해 조사한 내용을 정리한 것이다. 이에 대한 분석으로 옳은 것은?

(단위 : %)

연도 / 구분 / 지역	2009				2010			
	자기개발 하고 있음	자기개발 비용 부담 주체			자기개발 하고 있음	자기개발 비용 부담 주체		
		직장 100%	본인 100%	직장50%+ 본인50%		직장 100%	본인 100%	직장50%+ 본인50%
충청도	36.8	8.5	88.5	3.1	45.9	9.0	65.5	24.5
제주도	57.4	8.3	89.1	2.9	68.5	7.9	68.3	23.8
경기도	58.2	12	86.3	2.6	71.0	7.5	74.0	18.5
서울시	60.6	13.4	84.2	2.4	72.7	11.0	73.7	15.3
경상도	40.5	10.7	86.1	3.2	51.0	13.6	74.9	11.6

① 2009년과 2010년 모두 자기개발 비용을 본인이 100% 부담하는 사람의 수는 응답자의 절반 이상이다.
② 자기개발을 하고 있다고 응답한 사람의 수는 2009년과 2010년 모두 서울시가 가장 많다.
③ 자기개발 비용을 직장과 본인이 각각 절반씩 부담하는 사람의 비율은 2009년과 2010년 모두 서울시가 가장 높다.
④ 2009년과 2010년 모두 자기개발을 하고 있다고 응답한 비율이 가장 높은 지역에서 자기개발비용을 직장이 100% 부담한다고 응답한 사람의 비율이 가장 높다.

[출제의도]
그래프, 그림, 도표 등 주어진 자료를 이해하고 의미를 파악하여 필요한 정보를 해석하는 능력을 평가하는 문제이다.
[해설]
② 지역별 인원수가 제시되어 있지 않으므로, 각 지역별 응답자 수는 알 수 없다.
③ 2009년에는 경상도에서, 2010년에는 충청도에서 가장 높은 비율을 보인다.
④ 2009년과 2010년 모두 '자기 개발을 하고 있다'고 응답한 비율이 가장 높은 지역은 서울시이며, 2010년의 경우 자기개발 비용을 직장이 100% 부담한다고 응답한 사람의 비율이 가장 높은 지역은 경상도이다.

답 ①

(4) 도표작성능력

① 도표작성 절차
- ㉠ 어떠한 도표로 작성할 것인지를 결정
- ㉡ 가로축과 세로축에 나타낼 것을 결정
- ㉢ 한 눈금의 크기를 결정
- ㉣ 자료의 내용을 가로축과 세로축이 만나는 곳에 표현
- ㉤ 표현한 점들을 선분으로 연결
- ㉥ 도표의 제목을 표기

② 도표작성 시 유의사항
- ㉠ 선 그래프 작성 시 유의점
  - 세로축에 수량, 가로축에 명칭구분을 제시한다.
  - 선의 높이에 따라 수치를 파악하는 경우가 많으므로 세로축의 눈금을 가로축보다 크게 하는 것이 효과적이다.
  - 선이 두 종류 이상일 경우 반드시 그 명칭을 기입한다.
- ㉡ 막대 그래프 작성 시 유의점
  - 막대 수가 많을 경우에는 눈금선을 기입하는 것이 알아보기 쉽다.
  - 막대의 폭은 모두 같게 하여야 한다.
- ㉢ 원 그래프 작성 시 유의점
  - 정각 12시의 선을 기점으로 오른쪽으로 그리는 것이 보통이다.
  - 분할선은 구성비율이 큰 순서로 그린다.
- ㉣ 층별 그래프 작성 시 유의점
  - 눈금은 선 그래프나 막대 그래프보다 적게 하고 눈금선은 넣지 않는다.
  - 층별로 색이나 모양이 완전히 다른 것이어야 한다.
  - 같은 항목은 옆에 있는 층과 선으로 연결하여 보기 쉽도록 한다.

1 다음은 A~E 5대의 자동차별 속성과 연료 종류별 가격에 관한 자료이다. 60km를 운행하는 데에 연료비가 가장 많이 드는 자동차는?

■ 자동차별 속성

특성 자동차	사용연료	최고시속(km/h)	연비(km/l)	연료탱크용량(l)
A	휘발유	200	10	60
B	LPG	160	8	60
C	경유	150	12	50
D	휘발유	180	20	45
E	경유	200	8	50

■ 연료 종류별 가격

연료 종류	리터당 가격(원/l)
휘발유	1,700
LPG	1,000
경유	1,500

① A
② B
③ C
④ D
⑤ E

(Tip) 60km를 운행할 때 연료비는
① A의 연료비 : 60/10 × 1,700 = 10,200원
② B의 연료비 : 60/8 × 1,000 = 7,500원
③ C의 연료비 : 60/12 × 1,500 = 7,500원
④ D의 연료비 : 60/20 × 1,700 = 5,100원
⑤ E의 연료비 : 60/8 × 1,500 = 11,250원

2 다음은 2006년 인구 상위 10개국과 2056년 예상 인구 상위 10개국에 대한 자료이다. 이에 대한 설명 중 옳지 않은 것을 고르면?

(단위 : 백만 명)

구분 순위	2006년		2056년(예상)	
	국가	인구	국가	인구
1	중국	1,311	인도	1,628
2	인도	1,122	중국	1,437
3	미국	299	미국	420
4	인도네시아	225	나이지리아	299
5	브라질	187	파키스탄	295
6	파키스탄	166	인도네시아	285
7	방글라데시	147	브라질	260
8	러시아	146	방글라데시	231
9	나이지리아	135	콩고	196
10	콩고	128	러시아	145

① 2006년 대비 2056년 콩고의 인구는 50% 이상 증가할 것으로 예상된다.
② 2006년 대비 2056년 러시아의 인구는 감소할 것으로 예상된다.
③ 2006년 대비 2056년 인도의 인구 증가율은 중국의 인구 증가율보다 낮을 것으로 예상된다.
④ 2006년 대비 2056년 미국의 인구 증가율은 중국의 인구 증가율보다 높을 것으로 예상된다.
⑤ 2006년 대비 2056년 나이지리아의 인구는 두 배 이상이 될 것으로 예상된다.

(Tip)
③ 2006년 대비 2056년 인도의 인구 증가율 $= \dfrac{1,628-1,122}{1,122} \times 100 ≒ 45.1\%$

2006년 대비 2056년 중국의 인구 증가율 $= \dfrac{1,437-1,311}{1,311} \times 100 ≒ 9.6\%$

① 2006년 대비 2056년 콩고의 인구 증가율 $= \dfrac{196-128}{128} \times 100 = 53.125\%$

② 2006년 러시아의 인구는 146(백만 명), 2056년 러시아의 인구는 145(백만 명)

④ 2006년 대비 2056년 미국의 인구 증가율 $= \dfrac{420-299}{299} \times 100 ≒ 40.5\%$

2006년 대비 2056년 중국의 인구 증가율 $= \dfrac{1,437-1,311}{1,311} \times 100 ≒ 9.6\%$

⑤ 2006년 나이지리아의 인구는 135(백만 명), 2056년 나이지리아의 인구는 299(백만 명)

Answer ┌→ 1.⑤ 2.③

3 다음은 지역별, 소득계층별, 점유형태별 최저주거기준 미달가구 비율에 대한 자료이다. 해당 자료를 바르게 분석하지 못한 것은?

〈지역별, 소득계층별, 점유형태별 최저주거기준 미달가구 비율〉

(단위 : %)

구분		최저주거기준 미달	면적기준 미달	시설기준 미달	침실기준 미달
지역	수도권	51.7	66.8	37.9	60.8
	광역시	18.5	15.5	22.9	11.2
	도지역	29.8	17.7	39.2	28.0
	계	100.0	100.0	100.0	100.0
소득 계층	저소득층	65.4	52.0	89.1	33.4
	중소득층	28.2	38.9	9.4	45.6
	고소득층	6.4	9.1	1.5	21.0
	계	100.0	100.0	100.0	100.0
점유 형태	자가	22.8	14.2	27.2	23.3
	전세	12.0	15.3	6.3	12.5
	월세(보증금 有)	37.5	47.7	21.8	49.7
	월세(보증금 無)	22.4	19.5	37.3	9.2
	무상	5.3	3.3	7.4	5.3
	계	100.0	100.0	100.0	100.0

① 점유형태가 무상인 경우의 미달가구 비율은 네 가지 항목 모두에서 가장 낮다.

② 침실기준 미달 비율은 수도권, 도지역, 광역시 순으로 높다.

③ 지역과 소득계층 면에서는 광역시에 거주하는 고소득층의 면적기준 미달 비율이 가장 낮다.

④ 저소득층은 중소득층보다 침실기준 미달 비율이 더 낮다. 다만 최저주거기준 미달가구는 수도권이 나머지 지역의 합보다 많다.

⑤ 고소득층의 침실기준 미달 비율은 나머지 항목의 기준 미달 비율의 합보다 많다.

(Tip) ① 점유 형태가 무상인 경우의 미달가구 비율은 시설기준 면에서 전세가 더 낮음을 알 수 있다.

4 다음은 산업재산권 유지를 위한 등록료에 관한 자료이다. 다음 중 권리 유지비용이 가장 많이 드는 것은? (단, 특허권, 실용신안권의 기본료는 청구범위의 항 수와는 무관하게 부과되는 비용으로 청구범위가 1항인 경우 기본료와 1항에 대한 가산료가 부과된다)

(단위 : 원)

구분 / 권리	설정등록료 (1~3년분)		연차등록료			
			4~6년차	7~9년차	10~12년차	13~15년차
특허권	기본료	81,000	매년 60,000	매년 120,000	매년 240,000	매년 480,000
	가산료 (청구범위의 1항마다)	54,000	매년 25,000	매년 43,000	매년 55,000	매년 68,000
실용 신안권	가산료	60,000	매년 40,000	매년 80,000	매년 160,000	매년 320,000
	가산료 (청구범위의 1항마다)	15,000	매년 10,000	매년 15,000	매년 20,000	매년 25,000
디자인권	75,000		매년 35,000	매년 70,000	매년 140,000	매년 280,000
상표권	211,000 (10년분)		10년 연장 시 256,000			

① 청구범위가 3항인 특허권에 대한 3년간의 권리 유지
② 청구범위가 1항인 특허권에 대한 4년간의 권리 유지
③ 청구범위가 3항인 실용신안권에 대한 5년간의 권리 유지
④ 한 개의 디자인권에 대한 7년간의 권리 유지
⑤ 한 개의 상표권에 대한 10년간의 권리 유지

Tip
④ 75,000 + (35,000 × 3) + 70,000 = 250,000원
① 81,000 + (54,000 × 3) = 243,000원
② 81,000 + 54,000 + 25,000 = 160,000원
③ 60,000 + (15,000 × 3) + (10,000 × 2) = 125,000원
⑤ 211,000원

Answer ⟶ 3.① 4.④

5 다음 〈그림〉은 연도별 연어의 포획량과 회귀율을 나타낸 것이다. 이에 대한 설명 중 옳지 않은 것은?

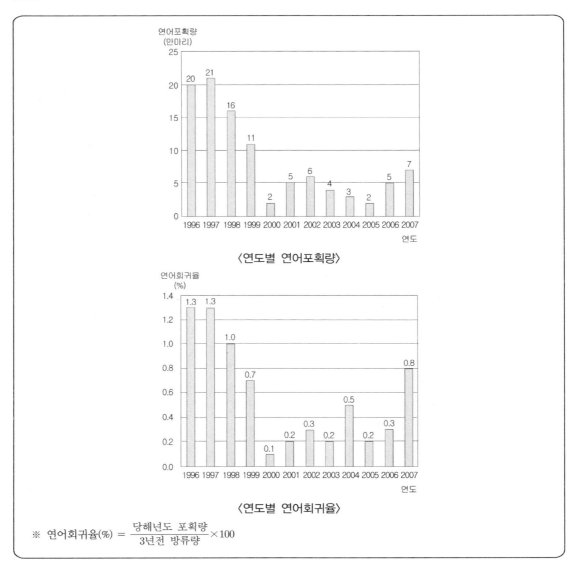

연어포획량
(만마리)

〈연도별 연어포획량〉

연어회귀율
(%)

〈연도별 연어회귀율〉

$$※ \ 연어회귀율(\%) = \frac{당해년도 \ 포획량}{3년전 \ 방류량} \times 100$$

① 1999년도와 2000년도의 연어방류량은 동일하다.

② 연어포획량이 가장 많은 해와 가장 적은 해의 차이는 20만 마리를 넘지 않는다.

③ 연어회귀율은 증감을 거듭하고 있다.

④ 2004년도 연어방류량은 1,500만 마리가 넘는다.

⑤ 2000년도는 연어포획량이 가장 적고, 연어회귀율도 가장 낮다.

④ 2004년도의 연어방류량을 x라고 하면

$$0.8 = \frac{7}{x} \times 100 \quad \therefore \quad x = 875$$

① 1999년도의 연어방류량을 x라고 하면

$$0.3 = \frac{6}{x} \times 100 \quad \therefore \quad x = 2,000$$

2000년도의 연어방류량을 x라고 하면

$$0.2 = \frac{4}{x} \times 100 \quad \therefore \quad x = 2,000$$

② 연어포획량이 가장 많은 해는 21만 마리를 포획한 1997년이고, 가장 적은 해는 2만 마리를 포획한 2000년과 2005년이다.
③ 연도별 연어회귀율은 증감을 거듭하고 있다.
⑤ 2000년도의 연어포획량은 2만 마리로 가장 적고, 연어회귀율은 0.1%로 가장 낮다.

6

C사의 사내 설문조사 결과, 전 직원의 $\frac{2}{3}$가 과민성대장증상을 보이고 있으며, 이 중 $\frac{1}{4}$이 출근 길에 불편을 겪어 아침을 먹지 않는다고 조사되었다. 과민성대장증상을 보이는 직원 중 아침 식사를 하는 직원의 수가 144명이라면, C사의 전 직원의 수는 몇 명인가?

① 280명   ② 282명
③ 285명   ④ 288명
⑤ 290명

전 직원의 수를 x라 하면, 과민성대장증상을 보이는 직원의 수는 $\frac{2}{3}x$가 되며, 이 중 아침을 먹지 않는 직원의 수는 $\frac{2}{3}x \times \frac{1}{4}$가 된다. 또한 과민성대장증상을 보이지만 아침 식사를 하는 직원의 수는 $\frac{2}{3}x$에서 $\frac{2}{3}x \times \frac{1}{4}$을 빼면 되므로 다음과 같은 식이 성립한다.

$$\frac{2}{3}x - \left(\frac{2}{3}x \times \frac{1}{4} \right) = 144$$

따라서 이를 풀면 $x = 288$명이 된다.

Answer ➡ 5.④ 6.④

7 다음은 A시의 교육여건 현황을 나타낸 자료이다. 이에 대한 설명 중 옳지 않은 것을 고르면?

교육여건 학교급	전체 학교 수	학교당 학급 수	학급당 주간 수업시수(시간)	학급당 학생 수	학급당 교원 수	교원당 학생 수
초등학교	150	30	28	32	1.3	25
중학교	70	36	34	35	1.8	19
고등학교	60	33	35	32	2.1	15

① 모든 초등학교와 중학교의 학생 수 차이는 모든 중학교와 고등학교의 학생 수 차이보다 크다.
② 모든 초등학교의 교원 수는 모든 중학교와 고등학교의 교원 수의 합보다 크다.
③ 모든 초등학교의 주간 수업시수는 모든 중학교의 주간 수업시수보다 많다.
④ 모든 중학교의 교원당 학생 수는 80,000명 이상이다.
⑤ 모든 고등학교의 학급 수는 모든 중학교의 학급수의 80% 이하이다.

 ② 모든 초등학교 교원 수 : 150×30×1.3=5,850명
모든 중학교 교원 수 : 70×36×1.8=4,536명
모든 고등학교 교원 수 : 60×33×2.1=4,158명
모든 중학교와 고등학교의 총 교원 수의 합 : 4536+4158=8,694명
따라서 모든 초등학교의 교원 수는 모든 중학교와 고등학교의 교원 수의 합보다 적다.
① 모든 초등학교 학생 수 : 150×30×32=144,000명
모든 중학교 학생 수 : 70×36×35=88,200명
모든 고등학교 학생 수 : 60×33×32=63,360명
모든 초등학교 학생 수와 중학교 학생 수의 차이 : 55,800명
모든 중학교 학생 수와 고등학교 학생 수의 차이 : 24,840명
③ 모든 초등학교 주간 수업시수 : 150×30×28=126,000시간
모든 중학교 주간 수업시수 : 70×36×34=85,680시간
④ 모든 중학교의 교원당 학생 수 : 70×36×1.8×19=86,184명
⑤ 모든 중학교 학급 수 : 70×36=2,520개
모든 고등학교 학급 수 : 60×33=1,980개
$\dfrac{\text{모든 고등학교 학급 수}}{\text{모든 중학교 학급 수}} \times 100 = 78.57 \cdots$
따라서 모든 고등학교 학급 수는 모든 중학교 학급수의 약 79%이다.

8 다음은 세 골프 선수 갑, 을, 병의 9개 홀에 대한 경기결과를 나타낸 표이다. 이에 대한 설명으로 옳은 것을 모두 고른 것은?

홀 번호	1	2	3	4	5	6	7	8	9	타수 합계
기준 타수	3	4	5	3	4	4	4	5	4	36
甲	0	x	0	0	0	0	x	0	0	34
乙	x	0	0	0	y	0	0	y	0	( )
丙	0	0	0	x	0	0	0	y	0	36

※ 기준 타수 : 홀마다 정해져 있는 타수를 말함

※ x, y는 개인 타수 − 기준 타수의 값

※ 0은 기준 타수와 개인 타수가 동일함을 의미

> ㉠ x는 기준 타수보다 1타를 적게 친 것을 의미한다.
> ㉡ 9개 홀의 타수의 합은 갑과 을이 동일하다.
> ㉢ 세 선수 중에서 타수의 합이 가장 적은 선수는 갑이다.

① ㉠

② ㉠, ㉡

③ ㉠, ㉢

④ ㉡, ㉢

⑤ ㉠, ㉡, ㉢

 Tip 기준 타수의 합계가 36개인 상황에서

甲은 타수의 합계가 기준 타수의 합계보다 2개 적으므로 $34-36=-2$이고
x가 두 개 있으므로 $x=-1$이다.
丙은 타수 합계가 36으로 기준 타수의 합계와 동일한데 x와 y가 각각 하나씩이므로
$y=1$이 된다. (∵ $x=-1$)
乙은 x가 1개, y가 2개이므로 기준타수에 +1을 해야 하므로 타수의 합계가 37이 된다.
㉠ $x=-1$이므로 1타 적게 친 것을 의미한다. (○)
㉡ 9개 홀의 타수의 합은 갑은 34, 을을 37이므로 다르다. (×)
㉢ 세 선수 중에서 타수의 합이 가장 적은 선수는 갑이 맞다. (○)

Answer ➡ 7.② 8.③

9 다음은 2018년 한국인 사망 원인 '5대 암'과 관련된 자료이다. 2018년 총 인구를 5,100만 명이라고 할 때, 치명률을 구하는 공식으로 옳은 것을 고르면?

종류	환자수	완치자수	후유장애자수	사망자수	치명률
폐암	101,600명	3,270명	4,408명	2,190명	2.16%
간암	120,860명	1,196명	3,802명	1,845명	1.53%
대장암	157,200명	3,180명	2,417명	1,624명	1.03%
위암	184,520명	2,492명	3,557명	1,950명	1.06%
췌장암	162,050명	3,178명	2,549명	2,765명	1.71%

※ 환자수란 현재 해당 암을 앓고 있는 사람 수를 말한다.

※ 완치자수란 과거에 해당 암을 앓았던 사람으로 일상생활에 문제가 되는 장애가 남지 않고 5년 이내 재발이 없는 경우를 말한다.

※ 후유장애자수란 과거에 해당 암을 앓았던 사람으로 암으로 인하여 일상생활에 문제가 되는 영구적인 장애가 남은 경우를 말한다.

※ 사망자수란 해당 암으로 사망한 사람 수를 말한다.

① 치명률 $= \dfrac{완치자수}{환자수} \times 100$

② 치명률 $= \dfrac{후유장애자수}{환자수} \times 100$

③ 치명률 $= \dfrac{사망자수}{환자수} \times 100$

④ 치명률 $= \dfrac{사망자수 + 후유장애자수}{인구수} \times 100$

⑤ 치명률 $= \dfrac{완치자수 + 후유장애자수}{인구수} \times 100$

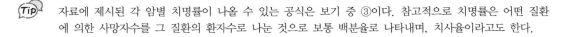 자료에 제시된 각 암별 치명률이 나올 수 있는 공식은 보기 중 ③이다. 참고적으로 치명률은 어떤 질환에 의한 사망자수를 그 질환의 환자수로 나눈 것으로 보통 백분율로 나타내며, 치사율이라고도 한다.

10 다음은 국제결혼 건수에 관한 표이다. 이에 관한 설명으로 옳은 것은?

구분 연도	총 결혼건수	국제 결혼건수	외국인 아내건수	외국인 남편건수
1990	399,312	4,710	619	4,091
1994	393,121	6,616	3,072	3,544
1998	375,616	12,188	8,054	4,134
2002	306,573	15,193	11,017	4,896
2006	332,752	39,690	30,208	9,482

① 외국인과의 결혼 비율이 점점 감소하고 있다.

② 21세기 이전에는 총 결혼건수가 증가 추세에 있었다.

③ 총 결혼건수 중 국제 결혼건수가 차지하는 비율이 증가 추세에 있다.

④ 한국 남자와 외국인 여자의 결혼건수 증가율과 한국 여자와 외국인 남자의 결혼건수 증가율이 비슷하다.

⑤ 최근 16년 동안 총 결혼건수는 약 15.8% 감소하였다.

 (Tip)

① 외국인과의 결혼 비율은 점점 증가하고 있다.

② 1990년부터 1998년까지는 총 결혼건수가 감소하고 있었다.

④ 한국 남자와 외국인 여자의 결혼건수 증가율이 한국 여자와 외국인 남자의 결혼건수 증가율보다 훨씬 높다.

⑤ 최근 16년 동안 총 결혼건수는 약 16.7% 감소하였다.

Answer ➙ 9.③ 10.③

11 다음은 A은행과 B은행을 비교한 표이다. 이에 관한 설명으로 옳지 않은 것은?

〈표 1〉

(단위 : 개)

	A은행		B은행	
	2013년	2014년	2013년	2014년
기관 수	6,679	6,395	6,809	6,508
기관 당 지점 수	3	3	14	15

〈표 2〉

(단위 : 백만 달러)

	A은행		B은행	
	2013년	2014년	2013년	2014년
기관 당 자산	161	178	2,162	2,390
총 대출	655,006	723,431	7,891,471	8,309,427
총 저축	922,033	963,115	11,190,522	11,763,780

〈표 3〉

(단위 : %)

	A은행		B은행	
	2013년	2014년	2013년	2014년
예대율	71.0	75.1	70.5	70.6
자산 대비 대출 비중	63.7	60.9	52.6	52.7
핵심 예금 비중	47.6	45.8	33.4	32.2
순 자본 비율	11.0	10.8	11.2	11.2

① 2013년 대비 2014년 B은행 기관 수의 감소폭은 같은 기간 A은행의 감소폭보다 크다.

② 2014년 B은행의 기관 당 지점 수는 A은행의 5배에 달한다.

③ 2013년 대비 2014년 예대율 증가폭은 A은행이 B은행보다 크다.

④ 2013년 대비 2014년 순 자본 비율은 A은행이 0.2%p 감소한 반면 B은행은 변화가 없다.

⑤ 2014년 자산 대비 대출 비중은 B은행이 A은행보다 8.2%p 높다.

 ⑤ 2014년 자산 대비 대출 비중은 A은행이 B은행보다 8.2%p 높다.

12 다음 〈표〉는 A은행 ○○지점 직원들의 지난 달 상품 신규 가입 실적 현황을 나타낸 자료이다. 이에 대한 설명 중 옳은 것을 모두 고르면?

〈표〉 A은행 ○○지점 직원별 상품 신규 가입 실적 현황

직원 구분	A	B	C	D	E	F
성별	남	남	여	남	여	남
실적(건)	0	2	6	4	8	10

㉠ 직원들의 평균 실적은 5건이다.
㉡ 남자면서 실적이 5건 이상인 직원 수는 전체 남자 직원 수의 50% 이상이다.
㉢ 실적이 2건 이상인 남자 직원의 수는 실적이 4건 이상인 여자 직원의 수의 2배 이상이다.
㉣ 여자 직원이거나 실적이 7건 이상인 직원 수는 전체 직원 수의 50% 이상이다.

① ㉠, ㉡

② ㉠, ㉢

③ ㉠, ㉣

④ ㉡, ㉢

⑤ ㉡, ㉣

㉠ 직원들의 평균 실적은 $\frac{2+6+4+8+10}{6}$ =5건이다.

㉣ 여자 직원이거나 실적이 7건 이상인 직원은 C, E, F로 전체 직원 수의 50% 이상이다.

㉡ 남자이면서 실적이 5건 이상인 직원은 F뿐이므로 전체 남자 직원 수의 25%이다.

㉢ 실적이 2건 이상인 남자 직원은 B, D, F이고, 실적이 4건 이상인 여자 직원은 C, E이다.

13 다음은 교육복지지원 정책사업 내 단위사업 세출 결산 현황을 나타낸 표이다. 2012년 대비 2013년의 급식비 지원 증감률로 옳은 것은? (단, 소수 둘째자리부터 버림한다.)

(단위 : 백만 원)

단위사업명	결산액	
	2013년	2012년
총계	5,016,557	3,228,077
학비 지원	455,516	877,020
방과후교육 지원	636,291	—
급식비 지원	647,314	665,984
정보화 지원	61,814	64,504
농어촌학교 교육여건 개선	110,753	71,211
교육복지우선 지원	157,598	188,214
누리과정 지원	2,639,752	989,116
교과서 지원	307,519	288,405
학력격차해소	—	83,622

① −2.8%　　　　　　　　② −1.4%

③ 2.8%　　　　　　　　　④ 10.5%

⑤ 1.4%

급식비 지원 증감률 $= \dfrac{647,314 - 665,984}{665,984} \times 100 ≒ -2.8\%$

14 다음은 A 공사의 연도별 임직원 현황에 관한 자료이다. 이에 대한 설명 중 옳은 것을 모두 고르면?

학과	연도	2013	2014	2015
국적	한국	9,566	10,197	9,070
	중국	2,636	3,748	4,853
	일본	1,615	2,353	2,749
	대만	1,333	1,585	2,032
	기타	97	115	153
	계	15,247	17,998	18,857
고용형태	정규직	14,173	16,007	17,341
	비정규직	1,074	1,991	1,516
	계	15,247	17,998	18,857
연령	20대 이하	8,914	8,933	10,947
	30대	5,181	7,113	6,210
	40대 이상	1,152	1,952	1,700
	계	15,247	17,998	18,857
직급	사원	12,365	14,800	15,504
	간부	2,801	3,109	3,255
	임원	81	89	98
	계	15,247	17,998	18,857

① ㄱ, ㄴ

② ㄱ, ㄷ

③ ㄴ, ㄹ

④ ㄱ, ㄷ, ㄹ

⑤ ㄴ, ㄷ, ㄹ

(Tip) ㄴ 2014년은 전체 임직원 중 20대 이하 임직원이 차지하는 비중이 50% 이하이다.

Answer 13.① 14.④

┃15~16┃ 다음의 상품설명서를 읽고 물음에 답하시오.

〈거래 조건〉

구분		금리
적용금리	모집기간 중	큰 만족 실세예금 1년 고시금리
	계약기간 중 중도해지	없음
	만기 후	원금의 연 0.10%
중도해지 수수료율 (원금기준)	예치기간 3개월 미만	개인 원금의 0.38% 법인 원금의 0.38%
	예치기간 3개월 이상~6개월 미만	개인 원금의 0.29% 법인 원금의 0.30%
	예치기간 6개월 이상~9개월 미만	개인 원금의 0.12% 법인 원금의 0.16%
	예치기간 9개월 이상~12개월 미만	원금의 0.10%
이자지급방식		만기일시지급식
계약의 해지		영업점에서 해지 가능

〈유의사항〉

• 예금의 원금보장은 만기 해지 시에만 적용된다.
• 이 예금은 분할해지 할 수 없으며 중도해지 시 중도해지수수료 적용으로 원금손실이 발생할 수 있다. (중도해지수수료는 '가입금액×중도해지수수료율'에 의해 결정)
• 이 예금은 예금기간 중 지수가 목표지수변동률을 넘어서 지급금리가 확정되더라도 이자는 만기에만 지급한다.
• 지수상승에 따른 수익률(세전)은 실제 지수상승률에도 불구하고 연 4.67%를 최대로 한다.

15 석준이는 개인이름으로 최초 500만 원의 원금을 가지고 이 상품에 가입했다가 불가피한 사정으로 5개월 만에 중도해지를 했다. 이때 석준이의 중도해지 수수료는 얼마인가?

① 6,000원 ② 8,000원
③ 14,500원 ④ 15,000원
⑤ 19,000원

 5,000,000×0.29%=14,500원

16 상원이가 이 예금에 가입한 후 증시 호재로 인해 지수가 약 29% 상승하였다. 이 경우 상원이의 최대 수익률은 연 몇 %인가? (단, 수익률은 세전으로 한다)

① 연 1.35%

② 연 4.67%

③ 연 14.5%

④ 연 21%

⑤ 연 29%

 〈유의사항〉에 "지수상승에 따른 수익률(세전)은 실제 지수상승률에도 불구하고 연 4.67%를 최대로 한다."고 명시되어있다.

17 다음은 아동·청소년의 인구변화에 관한 표이다. 다음 중 비율이 가장 높은 것은?

(단위 : 명)

연도 연령	2000년	2005년	2010년
전체 인구	44,553,710	45,985,289	47,041,434
0~24세	18,403,373	17,178,526	15,748,774
0~9세	6,523,524	6,574,314	5,551,237
10~24세	11,879,849	10,604,212	10,197,537

① 2000년의 전체 인구 중에서 0~24세 사이의 인구가 차지하는 비율

② 2005년의 0~24세 인구 중에서 10~24세 사이의 인구가 차지하는 비율

③ 2010년의 전체 인구 중에서 0~24세 사이의 인구가 차지하는 비율

④ 2000년의 0~24세 인구 중에서 10~24세 사이의 인구가 차지하는 비율

⑤ 2005년의 0~24세 인구 중에서 0~9세 사이의 인구가 차지하는 비율

④ $\dfrac{11,879,849}{18,403,373} \times 100 \fallingdotseq 64.55\%$

① $\dfrac{18,403,373}{44,553,710} \times 100 \fallingdotseq 41.31\%$

② $\dfrac{10,604,212}{17,178,526} \times 100 \fallingdotseq 61.73\%$

③ $\dfrac{15,748,774}{47,041,434} \times 100 \fallingdotseq 33.48\%$

⑤ $\dfrac{6,574,314}{17,178,526} \times 100 \fallingdotseq 38.27\%$

Answer 15.③ 16.② 17.④

18 다음은 어느 공과대학의 각 학과 지원자의 비율을 나타낸 것이다. 2008년 건축공학과를 지원한 학생 수가 270명일 때 2008년 건축공학과 지원자 수는 전년 대비 몇 명이 증가하였는가? (단, 2007년과 2008년의 공과대학 전체 지원자 수는 같다고 가정한다.)

(단위 : %)

학과＼연도	2007년	2008년
화학공학	13.3	12.5
생명공학	11.6	9.5
기계공학	12.4	14.9
건축공학	24.2	27
도시공학	12.1	12.4
기타학과	26.4	23.7

① 28명
② 21명
③ 14명
④ 7명
⑤ 0명

 ㉠ 2008년의 공과대학 전체 지원자 수를 x라 하면,

$$27(\%) = \frac{270(명)}{x(명)} \times 100 \quad \therefore x = 1,000명$$

㉡ 2007년도의 건축공학과를 지원한 학생 수를 y라 하면,

$$24.2(\%) = \frac{y(명)}{1,000(명)} \times 100 \quad \therefore y = 242명$$

㉢ 2008년 건축공학과 지원자 수는 270명이고 2007년 지원자 수는 242명이므로, 2008년 건축공학과 지원자 수는 2007년 대비 28명이 증가하였다.

19 다음은 국민연금 보험료를 산정하기 위한 소득월액 산정 방법에 대한 설명이다. 다음 설명을 참고할 때, 김갑동 씨의 신고 소득월액은 얼마인가?

> 소득월액은 입사(복직) 시점에 따른 근로자간 신고 소득월액 차등이 발생하지 않도록 입사(복직) 당시 약정되어 있는 급여 항목에 대한 1년치 소득총액에 대하여 30일로 환산하여 결정하며, 다음과 같은 계산 방식을 적용한다.
>
> > 입사(복직) 당시 지급이 약정된 각 급여 항목에 대한 1년간 소득총액 ÷ 365 × 30

> **〈김갑동 씨의 급여 내역〉**
> • 기본급 : 1,000,000원
> • 교통비 : 월 100,000원
> • 고정 시간외 수당 : 월 200,000원
> • 분기별 상여금(1, 4, 7, 10월 지급) : 기본급의 100%
> • 하계휴가비(매년 7월 지급) : 500,000원

① 1,645,660원

② 1,652,055원

③ 1,668,900원

④ 1,727,050원

⑤ 1,754,190원

 주어진 조건에 의해 다음과 같이 계산할 수 있다.
{(1,000,000 + 100,000 + 200,000) × 12 + (1,000,000 × 4) + 500,000} ÷ 365 × 30 = 1,652,055원
따라서 소득월액은 1,652,055원이 된다.

20 다음은 2019년 분야별 상담 건수 현황에 관한 표이다. 8월의 분야별 상담 건수비율로 적절하지 않은 것은? (단, 소수점 셋째자리에서 반올림한다.)

구분	개인정보	스팸	해킹 · 바이러스	인터넷 일반	인터넷 주소	KISA 사업문의	기타	합계
5월	10,307	12,408	14,178	476	182	2,678	10,697	50,926
6월	10,580	12,963	10,102	380	199	2,826	12,170	49,220
7월	13,635	12,905	7,630	393	201	3,120	13,001	50,875
8월	15,114	9,782	9,761	487	175	3,113	11,128	49,560

① 스팸 : 19.74%

② 해킹 · 바이러스 : 19.70%

③ 인터넷 일반 : 1.3%

④ 인터넷 주소 : 0.35%

⑤ 기타 : 22.45%

③ $\frac{487}{49,560} \times 100 ≒ 0.98\%$

① $\frac{9,782}{49,560} \times 100 ≒ 19.74\%$

② $\frac{9,761}{49,560} \times 100 ≒ 19.70\%$

④ $\frac{175}{49,560} \times 100 ≒ 0.35\%$

⑤ $\frac{11,128}{49,560} \times 100 ≒ 22.45\%$

Answer ⟶ 20.③

03 문제해결능력

1 문제와 문제해결

(1) 문제의 정의와 분류

① 정의 … 문제란 업무를 수행함에 있어서 답을 요구하는 질문이나 의논하여 해결해야 되는 사항이다.

② 문제의 분류

구분	창의적 문제	분석적 문제
문제제시 방법	현재 문제가 없더라도 보다 나은 방법을 찾기 위한 문제 탐구→문제 자체가 명확하지 않음	현재의 문제점이나 미래의 문제로 예견될 것에 대한 문제 탐구→문제 자체가 명확함
해결방법	창의력에 의한 많은 아이디어의 작성을 통해 해결	분석, 논리, 귀납과 같은 논리적 방법을 통해 해결
해답 수	해답의 수가 많으며, 많은 답 가운데 보다 나은 것을 선택	답의 수가 적으며 한정되어 있음
주요특징	주관적, 직관적, 감각적, 정성적, 개별적, 특수성	객관적, 논리적, 정량적, 이성적, 일반적, 공통성

(2) 업무수행과정에서 발생하는 문제 유형

① **발생형 문제(보이는 문제)** … 현재 직면하여 해결하기 위해 고민하는 문제이다. 원인이 내재되어 있기 때문에 원인지향적인 문제라고도 한다.
　㉠ 일탈문제 : 어떤 기준을 일탈함으로써 생기는 문제
　㉡ 미달문제 : 어떤 기준에 미달하여 생기는 문제

② **탐색형 문제(찾는 문제)** … 현재의 상황을 개선하거나 효율을 높이기 위한 문제이다. 방치할 경우 큰 손실이 따르거나 해결할 수 없는 문제로 나타나게 된다.
　㉠ 잠재문제 : 문제가 잠재되어 있어 인식하지 못하다가 확대되어 해결이 어려운 문제
　㉡ 예측문제 : 현재로는 문제가 없으나 현 상태의 진행 상황을 예측하여 찾아야 앞으로 일어날 수 있는 문제가 보이는 문제
　㉢ 발견문제 : 현재로서는 담당 업무에 문제가 없으나 선진기업의 업무 방법 등 보다 좋은 제도나 기법을 발견하여 개선시킬 수 있는 문제

③ **설정형 문제(미래 문제)** … 장래의 경영전략을 생각하는 것으로 앞으로 어떻게 할 것인가 하는 문제이다. 문제해결에 창조적인 노력이 요구되어 창조적 문제라고도 한다.

예제 1

D회사 신입사원으로 입사한 귀하는 신입사원 교육에서 업무수행과정에서 발생하는 문제 유형 중 설정형 문제를 하나씩 찾아오라는 지시를 받았다. 이에 대해 귀하는 교육받은 내용을 다시 복습하려고 한다. 설정형 문제에 해당하는 것은?

① 현재 직면하여 해결하기 위해 고민하는 문제
② 현재의 상황을 개선하거나 효율을 높이기 위한 문제
③ 앞으로 어떻게 할 것인가 하는 문제
④ 원인이 내재되어 있는 원인지향적인 문제

[출제의도]
업무수행 중 문제가 발생하였을 때 문제 유형을 구분하는 능력을 측정하는 문항이다.
[해설]
업무수행과정에서 발생하는 문제 유형으로는 발생형 문제, 탐색형 문제, 설정형 문제가 있으며 ①④는 발생형 문제이며 ②는 탐색형 문제, ③이 설정형 문제이다.

답 ③

(3) 문제해결

① **정의** … 목표와 현상을 분석하고 이 결과를 토대로 과제를 도출하여 최적의 해결책을 찾아 실행·평가해 가는 활동이다.

② **문제해결에 필요한 기본적 사고**
   ㉠ **전략적 사고** : 문제와 해결방안이 상위 시스템과 어떻게 연결되어 있는지를 생각한다.
   ㉡ **분석적 사고** : 전체를 각각의 요소로 나누어 그 의미를 도출하고 우선순위를 부여하여 구체적인 문제해결방법을 실행한다.
   ㉢ **발상의 전환** : 인식의 틀을 전환하여 새로운 관점으로 바라보는 사고를 지향한다.
   ㉣ **내·외부자원의 활용** : 기술, 재료, 사람 등 필요한 자원을 효과적으로 활용한다.

③ **문제해결의 장애요소**
   ㉠ 문제를 철저하게 분석하지 않는 경우
   ㉡ 고정관념에 얽매이는 경우
   ㉢ 쉽게 떠오르는 단순한 정보에 의지하는 경우
   ㉣ 너무 많은 자료를 수집하려고 노력하는 경우

④ 문제해결방법

   ⊙ **소프트 어프로치** : 문제해결을 위해서 직접적인 표현보다는 무언가를 시사하거나 암시를 통하여 의사를 전달하여 문제해결을 도모하고자 한다.

   ⓒ **하드 어프로치** : 상이한 문화적 토양을 가지고 있는 구성원을 가정하고, 서로의 생각을 직설적으로 주장하고 논쟁이나 협상을 통해 서로의 의견을 조정해 가는 방법이다.

   ⓒ **퍼실리테이션(facilitation)** : 촉진을 의미하며 어떤 그룹이나 집단이 의사결정을 잘 하도록 도와주는 일을 의미한다.

---

2 문제해결능력을 구성하는 하위능력

(1) 사고력

① **창의적 사고** … 개인이 가지고 있는 경험과 지식을 통해 새로운 가치 있는 아이디어를 산출하는 사고 능력이다.

   ⊙ 창의적 사고의 특징

     • 정보와 정보의 조합

     • 사회나 개인에게 새로운 가치 창출

     • 창조적인 가능성

예제 2

M사 홍보팀에서 근무하고 있는 귀하는 입사 5년차로 창의적인 기획안을 제출하기로 유명하다. S부장은 이번 신입사원 교육 때 귀하에게 창의적인 사고란 무엇인지 교육을 맡아달라고 부탁하였다. 창의적인 사고에 대한 귀하의 설명으로 옳지 않은 것은?

① 창의적인 사고는 새롭고 유용한 아이디어를 생산해 내는 정신적인 과정이다.

② 창의적인 사고는 특별한 사람들만이 할 수 있는 대단한 능력이다.

③ 창의적인 사고는 기존의 정보들을 특정한 요구조건에 맞거나 유용하도록 새롭게 조합시킨 것이다.

④ 창의적인 사고는 통상적인 것이 아니라 기발하거나, 신기하며 독창적인 것이다.

[출제의도]

창의적 사고에 대한 개념을 정확히 파악하고 있는지를 묻는 문항이다.

[해설]

흔히 사람들은 창의적 사고에 대해 특별한 사람들만이 할 수 있는 대단한 능력이라고 생각하지만 그리 대단한 능력이 아니며 이미 알고 있는 경험과 지식을 해체하여 다시 새로운 정보로 결합하여 가치 있는 아이디어를 산출하는 사고라고 할 수 있다.

답 ②

ⓒ 발산적 사고 : 창의적 사고를 위해 필요한 것으로 자유연상법, 강제연상법, 비교발상법 등을 통해 개발할 수 있다.

구분	내용
자유연상법	생각나는 대로 자유롭게 발상 ex) 브레인스토밍
강제연상법	각종 힌트에 강제적으로 연결 지어 발상 ex) 체크리스트
비교발상법	주제의 본질과 닮은 것을 힌트로 발상 ex) NM법, Synectics

Point 》 브레인스토밍
　　　ⓐ 진행방법
　　　• 주제를 구체적이고 명확하게 정한다.
　　　• 구성원의 얼굴을 볼 수 있는 좌석 배치와 큰 용지를 준비한다.
　　　• 구성원들의 다양한 의견을 도출할 수 있는 사람을 리더로 선출한다.
　　　• 구성원은 다양한 분야의 사람들로 5~8명 정도로 구성한다.
　　　• 발언은 누구나 자유롭게 할 수 있도록 하며, 모든 발언 내용을 기록한다.
　　　• 아이디어에 대한 평가는 비판해서는 안 된다.
　　　ⓑ 4대 원칙
　　　• 비판엄금(Support) : 평가 단계 이전에 결코 비판이나 판단을 해서는 안 되며 평가는 나중까지 유보한다.
　　　• 자유분방(Silly) : 무엇이든 자유롭게 말하고 이런 바보 같은 소리를 해서는 안 된다는 등의 생각은 하지 않아야 한다.
　　　• 질보다 양(Speed) : 질에는 관계없이 가능한 많은 아이디어들을 생성해내도록 격려한다.
　　　• 결합과 개선(Synergy) : 다른 사람의 아이디어에 자극되어 보다 좋은 생각이 떠오르고, 서로 조합하면 재미있는 아이디어가 될 것 같은 생각이 들면 즉시 조합시킨다.

② 논리적 사고 … 사고의 전개에 있어 전후의 관계가 일치하고 있는가를 살피고 아이디어를 평가하는 사고능력이다.

　ⓐ 논리적 사고를 위한 5가지 요소 : 생각하는 습관, 상대 논리의 구조화, 구체적인 생각, 타인에 대한 이해, 설득

　ⓑ 논리적 사고 개발 방법

　　• 피라미드 구조 : 하위의 사실이나 현상부터 사고하여 상위의 주장을 만들어가는 방법

　　• so what기법 : '그래서 무엇이지?'하고 자문자답하여 주어진 정보로부터 가치 있는 정보를 이끌어내는 사고 기법

③ 비판적 사고 … 어떤 주제나 주장에 대해서 적극적으로 분석하고 종합하며 평가하는 능동적인 사고이다.

　ⓐ 비판적 사고 개발 태도 : 비판적 사고를 개발하기 위해서는 지적 호기심, 객관성, 개방성, 융통성, 지적 회의성, 지적 정직성, 체계성, 지속성, 결단성, 다른 관점에 대한 존중과 같은 태도가 요구된다.

ⓛ 비판적 사고를 위한 태도

- 문제의식 : 비판적인 사고를 위해서 가장 먼저 필요한 것은 바로 문제의식이다. 자신이 지니고 있는 문제와 목적을 확실하고 정확하게 파악하는 것이 비판적인 사고의 시작이다.
- 고정관념 타파 : 지각의 폭을 넓히는 일은 정보에 대한 개방성을 가지고 편견을 갖지 않는 것으로 고정관념을 타파하는 일이 중요하다.

(2) 문제처리능력과 문제해결절차

① 문제처리능력 … 목표와 현상을 분석하고 이를 토대로 문제를 도출하여 최적의 해결책을 찾아 실행 · 평가하는 능력이다.

② 문제해결절차 … 문제 인식 → 문제 도출 → 원인 분석 → 해결안 개발 → 실행 및 평가

ⓞ 문제 인식 : 문제해결과정 중 'waht'을 결정하는 단계로 환경 분석 → 주요 과제 도출 → 과제 선정의 절차를 통해 수행된다.

- 3C 분석 : 환경 분석 방법의 하나로 사업환경을 구성하고 있는 요소인 자사(Company), 경쟁사(Competitor), 고객(Customer)을 분석하는 것이다.

예제 3

L사에서 주력 상품으로 밀고 있는 TV의 판매 이익이 감소하고 있는 상황에서 귀하는 B부장으로부터 3C분석을 통해 해결방안을 강구해 오라는 지시를 받았다. 다음 중 3C에 해당하지 않는 것은?

① Customer   ② Company
③ Competitor   ④ Content

[출제의도]
3C의 개념과 구성요소를 정확히 숙지하고 있는지를 측정하는 문항이다.
[해설]
3C 분석에서 사업 환경을 구성하고 있는 요소인 자사(Company), 경쟁사(Competitor), 고객을 3C (Customer)라고 한다. 3C 분석에서 고객 분석에서는 '고객은 자사의 상품 · 서비스에 만족하고 있는지를, 자사 분석에서는 '자사가 세운 달성 목표와 현상 간에 차이가 없는지를 경쟁사 분석에서는 '경쟁기업의 우수한 점과 자사의 현상과 차이가 없는지'에 대한 질문을 통해서 환경을 분석하게 된다.

답 ④

• SWOT 분석 : 기업내부의 강점과 약점, 외부환경의 기회와 위협요인을 분석·평가하여 문제해결 방안을 개발하는 방법이다.

		내부환경요인	
		강점(Strengths)	약점(Weaknesses)
외부환경요인	기회 (Opportunities)	SO 내부강점과 외부기회 요인을 극대화	WO 외부기회를 이용하여 내부약점을 강점으로 전환
	위협 (Threat)	ST 외부위협을 최소화하기 위해 내부강점을 극대화	WT 내부약점과 외부위협을 최소화

ⓒ 문제 도출 : 선정된 문제를 분석하여 해결해야 할 것이 무엇인지를 명확히 하는 단계로, 문제 구조 파악 → 핵심 문제 선정 단계를 거쳐 수행된다.

• Logic Tree : 문제의 원인을 파고들거나 해결책을 구체화할 때 제한된 시간 안에서 넓이와 깊이를 추구하는데 도움이 되는 기술로 주요 과제를 나무모양으로 분해·정리하는 기술이다.

ⓒ 원인 분석 : 문제 도출 후 파악된 핵심 문제에 대한 분석을 통해 근본 원인을 찾는 단계로 Issue 분석 → Data 분석 → 원인 파악의 절차로 진행된다.

ⓔ 해결안 개발 : 원인이 밝혀지면 이를 효과적으로 해결할 수 있는 다양한 해결안을 개발하고 최선의 해결안을 선택하는 것이 필요하다.

ⓜ 실행 및 평가 : 해결안 개발을 통해 만들어진 실행계획을 실제 상황에 적용하는 활동으로 실행계획 수립 → 실행 → Follow-up의 절차로 진행된다.

예제 4

C사는 최근 국내 매출이 지속적으로 하락하고 있어 사내 분위기가 심상치 않다. 이에 대해 Y부장은 이 문제를 극복하고자 문제처리 팀을 구성하여 해결방안을 모색하도록 지시하였다. 문제처리 팀의 문제해결 절차를 올바른 순서로 나열한 것은?

① 문제 인식 → 원인 분석 → 해결안 개발 → 문제 도출 → 실행 및 평가
② 문제 도출 → 문제 인식 → 해결안 개발 → 원인 분석 → 실행 및 평가
③ 문제 인식 → 원인 분석 → 문제 도출 → 해결안 개발 → 실행 및 평가
④ 문제 인식 → 문제 도출 → 원인 분석 → 해결안 개발 → 실행 및 평가

[출제의도]
실제 업무 상황에서 문제가 일어났을 때 해결 절차를 알고 있는지를 측정하는 문항이다.
[해설]
일반적인 문제해결절차는 '문제 인식 → 문제 도출 → 원인 분석 → 해결안 개발 → 실행 및 평가로 이루어진다.

답 ④

1 각각 다른 지역에서 모인 갑, 을, 병, 정, 무 5명은 자신들이 거주하는 지역의 교통비에 대해서 다음과 같이 말하였는데, 이 중 4명은 진실을, 나머지 1명은 거짓말을 하였다. 다음의 주장을 근거로 거짓말을 하지 않았다고 확신할 수 있는 사람은 누구인가? (단, 교통비가 동일한 지역은 없다고 가정한다.)

> 갑 : "을이 사는 지역은 병이 사는 지역보다 교통비가 비싸다."
> 을 : "갑이 사는 지역은 정이 사는 지역보다 교통비가 비싸다."
> 병 : "무가 사는 지역은 갑이 사는 지역보다 교통비가 비싸다."
> 정 : "병이 사는 지역은 무가 사는 지역보다 교통비가 비싸다."
> 무 : "을이 사는 지역은 정이 사는 지역보다 교통비가 비싸다."

① 갑
② 을
③ 병
④ 정
⑤ 무

 5명이 말한 내용을 근거로 교통비의 순위를 적어 보면 을 지역 > 병 지역 > 무 지역 > 갑 지역 > 정 지역의 순이다. '거짓말과 관련된 추리의 문제는 제시된 각 항목을 하나씩 대입하며 각각의 경우에 조건들이 모순이 없는지를 확인하는 방식의 문제풀이가 되어야 하므로 어느 것을 먼저 대입해 보느냐에 따라 문제풀이에 소요되는 시간이 달라질 수 있다. 이 경우, 순위가 가장 멀리 떨어진 을과 정의 대소 관계를 언급한 '무'의 말을 거짓이라고 가정해 보는 것도 하나의 문제풀이 방법이 될 수 있다.
다른 사람들은 모두 연이은 사람의 순위를 언급하고 있으므로 그들의 말이 거짓일 경우, 두 사람의 순위만 바뀌면 다른 모순점이 없게 되므로 거짓을 말하고 있어도 논리 관계에 모순을 일으키지 않게 되어 거짓인지 아닌지를 확신할 수 없게 된다. 그러나 '무'의 말이 거짓이라면 가장 큰 순위와 가장 작은 순위가 달라지기 때문에 나머지 중간에 있는 순위들 모두에 영향을 주어 4명은 진실을 말하고 1명만 거짓을 말하는 조건에 위배되므로 '무'의 말은 거짓이 될 수 없다. 따라서 '무'의 말은 적어도 진실이라고 확신할수 있다.

Answer ⟿ 1.⑤

2 다음 조건을 참고할 때, 5명이 입고 있는 옷의 색깔을 올바르게 설명하고 있는 것은 어느 것인가?

> • 갑, 을, 병, 정, 무 5명은 각기 빨간색, 파란색, 검은색, 흰색 옷을 입고 있으며 같은 색 옷을 입은 사람은 2명이다.
> • 병과 정은 파란색과 검은색 옷을 입지 않았다.
> • 을과 무는 흰색과 빨간색 옷을 입지 않았다.
> • 갑, 을, 병, 정은 모두 다른 색 옷을 입고 있다.
> • 을, 병, 정, 무는 모두 다른 색 옷을 입고 있다.

① 병과 정은 같은 색 옷을 입고 있다.
② 정이 흰색 옷을 입고 있다면, 병은 무와 같은 색 옷을 입고 있다.
③ 무가 파란색 옷을 입고 있다면, 갑은 검은색 옷을 입고 있다.
④ 병이 빨간색 옷을 입고 있다면, 갑은 흰색 옷을 입고 있다.
⑤ 을이 검은색 옷을 입고 있다면, 파란색 옷을 입은 사람이 2명이다.

Tip 주어진 조건을 표로 정리하면 다음과 같다.

갑	을	병	정	무
흰색, 빨간색 검은색, 파란색	파란색, 검은색 흰색, 빨간색	파란색, 검은색 흰색, 빨간색	흰색, 빨간색 검은색, 파란색

위와 같은 정보를 통하여 흰색과 빨간색은 병과 정이 검은색과 파란색은 을과 무가 각각 입고 있으며, 네 번째와 다섯 번째 조건에 의해서 같은 색 옷을 입고 있는 사람은 갑과 무가 되는 것을 알 수 있다. 따라서 선택지 ⑤에서 언급한 바와 같이 을이 검은색 옷을 입고 있다면 무는 파란색 옷을 입고 있는 것이 되므로, 갑도 파란색 옷을 입고 있는 것이 되어 파란색 옷을 입고 있는 사람은 2명이 된다.

3 다음은 A은행의 '우수고객 인터넷 무보증 신용대출' 상품에 대한 설명이다. A은행의 PB고객인 명진이가 대출 받을 수 있는 금액이 아닌 것은?

우수고객 인터넷 무보증 신용대출

1. 상품특징
   A은행 PB고객 및 하나로 가족 고객을 위한 우수고객 전용 인터넷 대출

2. 대출대상
   A은행 PB고객 및 하나로 가족 고객(탑 클래스 고객, 골드 고객, 로얄 고객)

3. 대출한도
   • PB고객(로얄 프레스티지, 로얄 아너스, 로얄 스페셜) : 최대 6,000만 원 이내
   • 탑 클래스 고객 : 최대 6,000만 원 이내
   • 골드 고객 : 최대 3,000만 원 이내
   • 로얄 고객 : 최대 2,000만 원 이내

   ※ 대출가능금액 산출 시 A은행 및 타 금융기관의 대출금액(신용, 담보)을 모두 차감함

4. 상환방법
   종합통장(마이너스 대출) : 1개월 이상 1년 이내(1년 단위로 연장 가능)

5. 담보 및 보증 여부
   무보증 신용

---

① 6,500만 원 　　　　　② 5,500만 원
③ 4,500만 원 　　　　　④ 3,500만 원
⑤ 2,500만 원

Tip ① A은행의 PB고객은 최대 6,000만 원 이내로 대출이 가능하다.

4　다음은 버블정렬에 관한 설명과 예시이다. 보기에 있는 수를 버블 정렬을 이용하여 오름차순으로 정렬하려고 한다. 1회전의 결과는?

버블정렬은 인접한 두 숫자의 크기를 비교하여 교환하는 방식으로 정렬한다. 이때 인접한 두 숫자는 수열의 맨 앞부터 뒤로 이동하며 비교된다. 맨 마지막 숫자까지 비교가 이루어져 가장 큰 수가 맨 뒷자리로 이동하게 되면 한 회전이 끝난다. 다음 회전에는 맨 뒷자리로 이동한 수를 제외하고 같은 방식으로 비교 및 교환이 이루어진다. 더 이상 교환할 숫자가 없을 때 정렬이 완료된다. 교환은 두 개의 숫자가 서로 자리를 맞바꾸는 것을 말한다.

〈예시〉

30, 15, 40, 10을 정렬하려고 한다.
• 1회전
　(30, 15), 40, 10 : 30>15 이므로 교환
　15, (30, 40), 10 : 40>30 이므로 교환이 이루어지지 않음
　15, 30, (40, 10) : 40>10 이므로 교환
　1회전의 결과 값 : 15, 30, 10, 40
• 2회전 (40은 비교대상에서 제외)
　(15, 30), 10, 40 : 30>15 이므로 교환이 이루어지지 않음
　15, (30, 10), 40 : 30>10 이므로 교환
　2회전의 결과 값 : 15, 10, 30, 40
• 3회전 (30, 40은 비교대상에서 제외)
　(15, 10), 30, 40 : 15>10이므로 교환
　3회전 결과 값 : 10, 15, 30, 40 →교환 완료

〈보기〉

9, 6, 7, 3, 5

① 6, 3, 5, 7, 9　　　　　　　　② 3, 5, 6, 7, 9
③ 6, 7, 3, 5, 9　　　　　　　　④ 9, 6, 7, 3, 5
⑤ 6, 7, 9, 5, 3

(Tip) 버블 정렬은 서로 이웃한 데이터들을 비교하여 가장 큰 데이터를 가장 뒤로 보내는 정렬이다.

㉠ 1회전

9↔6	7	3	5
6	9↔7	3	5
6	7	9↔3	5
6	7	3	9↔5
6	7	3	5	9

㉡ 2회전

6	7↔3	5	9
6	3	7↔5	9
6	3	5	7	9

㉢ 3회전

6↔3	5	7	9
3	6↔5	7	9
3	5	6	7	9

5 다음에 제시된 정보를 종합할 때, 서류장 10개와 의자 10개의 가격은 테이블 몇 개의 가격과 같은가?

- 홍보팀에서는 테이블, 의자, 서류장을 다음과 같은 수량으로 구입하였다.
- 테이블 5개와 의자 10개의 가격은 의자 5개와 서류장 10개의 가격과 같다.
- 의자 5개와 서류장 15개의 가격은 의자 5개와 테이블 10개의 가격과 같다.

① 8개
② 9개
③ 10개
④ 11개
⑤ 12개

(Tip) 두 번째 정보에서 테이블 1개와 의자 1개의 가격의 합은 서류장 2개의 가격과 같음을 알 수 있다.
세 번째 정보에서 두 번째 정보를 대입하면 테이블 2개와 의자 1개는 의자 5개와 서류장 15개의 가격과 같아지게 된다. 따라서 테이블 1개는 의자 1개와 서류장 1개의 가격과 같아진다는 것을 알 수 있다.
그러므로 서류장 2개와 의자 2개는 테이블 2개와 같은 가격이 된다. 결국 서류장 10개와 의자 10개의 가격은 테이블 10개의 가격과 같다.

Answer ↦ 4.③   5.③

6 다음은 A단체에서 지원하는 〈귀농인 주택시설 개선사업 개요〉와 〈심사 기초 자료〉이다. 이를 근거로 판단할 때, 지원 대상 가구만을 모두 고르면?

〈귀농인 주택시설 개선사업 개요〉

① 사업목적 : 귀농인의 안정적인 정착을 도모하기 위해 일정 기준을 충족하는 귀농가구의 주택 개·보수 비용을 지원

② 신청자격 : 귀농가구 중 거주기간이 신청마감일(2014. 4. 30.) 현재 전입일부터 6개월 이상이고, 가구주의 연령이 20세 이상 60세 이하인 가구

③ 심사기준 및 점수 산정방식

  ㉠ 신청마감일 기준으로 다음 심사기준별 점수를 합산한다.

  ㉡ 심사기준별 점수

  • 거주기간 : 10점(3년 이상), 8점(2년 이상 3년 미만), 6점(1년 이상 2년 미만), 4점(6개월 이상 1년 미만)

    ※ 거주기간은 전입일부터 기산한다.

  • 가족 수 : 10점(4명 이상), 8점(3명), 6점(2명), 4점(1명)

    ※ 가족 수에는 가구주가 포함된 것으로 본다.

  • 영농규모 : 10점(1.0ha 이상), 8점(0.5ha 이상 1.0ha 미만), 6점(0.3ha 이상 0.5ha 미만), 4점(0.3ha 미만)

  • 주택노후도 : 10점(20년 이상), 8점(15년 이상 20년 미만), 6점(10년 이상 15년 미만), 4점(5년 이상 10년 미만)

  • 사업시급성 : 10점(매우 시급), 7점(시급), 4점(보통)

④ 지원내용

  ㉠ 예산액 : 5,000,000원

  ㉡ 지원액 : 가구당 2,500,000원

  ㉢ 지원대상 : 심사기준별 점수의 총점이 높은 순으로 2가구. 총점이 동점일 경우 가구주의 연령이 높은 가구를 지원. 단, 하나의 읍·면당 1가구만 지원 가능

〈심사 기초 자료(2014. 4. 30. 현재)〉

귀농 가구	가구주 연령 (세)	주소지 (읍·면)	전입일	가족 수 (명)	영농 규모 (ha)	주택 노후도 (년)	사업 시급성
甲	49	A	2010. 12. 30	1	0.2	17	매우 시급
乙	48	B	2013. 5. 30	3	1.0	13	매우 시급
丙	56	B	2012. 7. 30	2	0.6	23	매우 시급
丁	60	C	2013. 12. 30	4	0.4	13	시급
戊	33	D	2011. 9. 30	2	1.2	19	보통

① 甲, 乙　　　　　　　　　　② 甲, 丙

③ 乙, 丙　　　　　　　　　　④ 乙, 丁

⑤ 丙, 戊

 甲~戊의 심사기준별 점수를 산정하면 다음과 같다.

	거주기간	가족 수	영농 규모	주택 노후도	사업 시급성	총점
甲	10	4	4	8	10	36
乙	4	8	10	6	10	38
丙	6	6	8	10	10	40
丁	신청마감일 현재 전입일부터 6개월 이상의 신청자격 미달					
戊	8	6	10	8	4	36

따라서 상위 2가구는 丙과 乙이 되는데, 2가구의 주소지가 B읍·면으로 동일하므로 총점이 더 높은 丙을 지원하고, 나머지 1가구는 甲, 戊의 총점이 동점이므로 가구주의 연령이 더 높은 甲을 지원하게 된다.

7 다음 중 논리적인 오류를 범하고 있지 않은 문장은 어느 것인가?

① 이 지역을 개발한다는 말은 결국 지역 내 하천을 모두 매립한다는 건데, 말이 됩니까?

② MSG의 유해함이 입증되지 않았으므로 MSG는 무해한 것이다.

③ '까마귀 날자 배 떨어진다.'는 말은 까마귀가 날지 않으면 배는 떨어지지 않는다는 말이 아니지.

④ 너도 담배를 피우고 있으니, 내가 쓰레기를 버리는 것은 잘못된 행위가 아니다.

⑤ 거짓말은 나쁜 일이니까 적군에게 아군이 숨어있는 곳을 솔직히 말해줘야겠군.

 논리적 오류를 범하지 않은 문장이다. 배가 떨어지는 이유를 까마귀가 날았기 때문이라고 해석한다면 '원인 판단의 오류'를 범한 경우가 될 수 있으나, 이러한 추론의 오류를 범하지 않은 경우이다.

① 상대방이 의도하지 않은 것을 강조하거나 허점을 비판하여 자신의 주장을 내세우는 '허수아비 공격의 오류'에 해당한다.

② 참이라고 밝혀지지 않았으므로 거짓이라고 주장하거나, 거짓임이 명백하지 않으므로 참이라고 주장하는 오류로서 '무지로부터의 오류'라고 일컫는다.

④ 상대방이 처한 상황도 자신과 마찬가지의 상황이므로 이를 통해 자신의 행위를 정당화하려는 오류로서 '피장파장의 오류'이다.

⑤ 한 원칙을 맥락에 대한 고려 없이 모든 상황에 무조건 적용하는 오류로 일서 '원칙 혼동의 오류'에 해당한다.

Answer 6.② 7.③

8 甲 주식회사의 감사위원회는 9인으로 구성되어 있다. 다음에 제시된 법률 규정에서 밑줄 친 부분에 해당하지 않는 사람은?

> 감사위원회는 3인 이상의 이사로 구성한다. 다만 <u>다음 각 호에 해당하는</u> 자가 위원의 3분의 1을 넘을 수 없다.
> 1. 회사의 업무를 담당하는 이사 및 피용자(고용된 사람) 또는 선임된 날부터 2년 이내에 업무를 담당한 이사 및 피용자이었던 자
> 2. 최대 주주가 자연인인 경우 본인, 배우자 및 직계존·비속
> 3. 최대 주주가 법인인 경우 그 법인의 이사, 감사 및 피용자
> 4. 이사의 배우자 및 직계존·비속
> 5. 회사의 모회사 또는 자회사의 이사, 감사 및 피용자
> 6. 회사와 거래관계 등 중요한 이해관계에 있는 법인의 이사, 감사 및 피용자
> 7. 회사의 이사 및 피용자가 이사로 있는 다른 회사의 이사, 감사 및 피용자

① 甲 주식회사 최대 주주 A의 법률상의 배우자

② 甲 주식회사와 하청계약을 맺고 있는 乙 주식회사의 감사 B

③ 甲 주식회사 이사 C의 자녀

④ 甲 주식회사 자재부장 D가 이사로 있는 丙 주식회사의 총무과장 E

⑤ 甲 주식회사의 모회사인 丁 주식회사의 최대 주주 F

 ① 2호 : 최대 주주가 자연인인 경우 본인, 배우자 및 직계존·비속
② 6호 : 회사와 거래관계 등 중요한 이해관계에 있는 법인의 이사, 감사 및 피용자
③ 4호 : 이사의 배우자 및 직계존·비속
④ 7호 : 회사의 이사 및 피용자가 이사로 있는 다른 회사의 이사, 감사 및 피용자

9 다음 글과 〈법조문〉을 근거로 판단할 때, 甲이 乙에게 2,000만 원을 1년간 빌려주면서 선이자로 800만 원을 공제하고 1,200만 원만을 준 경우, 乙이 갚기로 한 날짜에 甲에게 전부 변제하여야 할 금액은?

> 돈이나 물품 등을 빌려 쓴 사람이 돈이나 같은 종류의 물품을 같은 양만큼 갚기로 하는 계약을 소비대차라 한다. 소비대차는 이자를 지불하기로 약정할 수 있고, 그 이자는 일정한 이율에 의하여 계산한다. 이런 이자는 돈을 빌려주면서 먼저 공제할 수도 있는데, 이를 선이자라 한다. 한편 약정 이자의 상한에는 법률상의 제한이 있다.

〈법조문〉

제72조
① 금전소비대차에 관한 계약상의 최고이자율은 연 30%로 한다.
② 계약상의 이자로서 제1항에서 정한 최고이자율을 초과하는 부분은 무효로 한다.
③ 약정금액(당초 빌려주기로 한 금액)에서 선이자를 사전공제한 경우, 그 공제액이 '채무자가 실제 수령한 금액'을 기준으로 하여 제1항에서 정한 최고이자율에 따라 계산한 금액을 초과하면 그 초과부분은 약정금액의 일부를 변제한 것으로 본다.

① 760만 원　　　　　　　　　② 1,000만 원
③ 1,560만 원　　　　　　　　④ 1,640만 원
⑤ 1,800만 원

(Tip) 채무자인 乙이 실제 수령한 금액인 1,200만 원을 기준으로 최고연이자율 연 30%를 계산하면 360만 원이다. 그런데 선이자 800만 원을 공제하였으므로 360만 원을 초과하는 440만 원은 무효이며, 약정금액 2,000만 원의 일부를 변제한 것으로 본다. 따라서 1년 후 乙이 갚기로 한 날짜에 甲에게 전부 변제하여야 할 금액은 2,000 − 440 = 1,560만 원이다.

Answer ⟶ 8.⑤　9.③

10 다음 표는 어떤 렌터카 회사에서 제시한 차종별 자동차 대여료이다. C동아리 학생 10명이 차량을 대여하여 9박 10일간의 전국일주를 계획하고 있다. 다음 중 가장 경제적인 차량 임대 방법을 고르면?

구분	대여 기간별 1일 요금			대여 시간별 요금	
	1~2일	3~6일	7일 이상	6시간	12시간
소형(4인승)	75,000	68,000	60,000	34,000	49,000
중형(5인승)	105,000	95,000	84,000	48,000	69,000
대형(8인승)	182,000	164,000	146,000	82,000	119,000
SUV(7인승)	152,000	137,000	122,000	69,000	99,000
승합(15인승)	165,000	149,000	132,000	75,000	108,000

① 승합차 1대를 대여한다.
② 소형차 3대를 대여한다.
③ 중형차 2대를 대여한다.
④ 소형차 1대와 SUV 1대를 대여한다.
⑤ 중형차 1대와 대형차 1대를 대여한다.

 하루 대여 비용을 계산해보면 다음과 같다. 따라서 가장 경제적인 차량 임대 방법은 승합차량 1대를 대여하는 것이다.
① 132,000원
② 60,000×3=180,000원
③ 84,000×2=168,000원
④ 60,000+122,000=182,000원
⑤ 84,000+146,000=230,000원

11 다음은 빔 프로젝터의 A/S 규정을 정리한 것이다. 〈보기〉의 고객이 요청한 수리비용은 얼마인가?

- A/S 관련 규정
- 무상수리기간은 제품 구입 후 1년입니다.
- 제품의 볼트 구멍에 붙은 QC 스티커를 제거하시면 무상수리기간 이내라 하더라도 무상수리가 불가능합니다.
- 간단한 접촉 불량 등의 수리는 국내에서 가능하나 주요 부품의 교체를 요하는 수리는 제품을 중국으로 보내고 다시 받아야 하므로 기간이 오래 소요될 수 있습니다.(10일~20일 예상)
- 사용자의 과실이나 부주의로 인한 고장 또는 파손의 경우에는 수리대상에서 제외됩니다. (파손, 침수, 불법 프로그램 설치 등)
- LCD나 보드 관련 A/S 사항은 중국 내 별도의 A/S센터에서, 전원 및 그 외 이상증상의 경우 제조공장에서 조치됩니다.
- 유상수리비용 안내
- LCD 화면 이상 : 50,000원
- 전원 불량 : 30,000원
- 보드 불량 : 40,000원
- 기타 불량의 경우 별도의 비용이 부과됩니다.
※ 유상수리 시 교체하고 남은 불량부품은 되돌려드리지 않습니다.
- 고객부담 배송비

출발지	도착지	비용	비고
국내물류센터	중국물류센터	20,000원	국내 배송 왕복 택배비 무료
중국물류센터	제조공장	10,000원	
	A/S 센터	5,000원	

〈보기〉

　안녕하세요? 저는 UC-40을 사용 중입니다. 얼마 전 회의실에서 사용하던 도중 화면이 이상하게 나와 재부팅을 해도 기계가 제대로 화면을 출력하지 못하는 것 같습니다. 해당 제품을 구입한지는 2년 정도 되었고, 화면에 문제가 있는 경우 수리비용은 얼마가 나올까요?

① 30,000원　　　　　　　② 35,000원
③ 40,000원　　　　　　　④ 45,000원
⑤ 50,000원

　(Tip)　LCD 화면 이상으로 수리할 경우 50,000원이 부과된다.

Answer⤷ 10.① 11.⑤

12 다음은 '외국인우대통장' 상품설명서 중 거래조건에 대한 내용이다. 우대조건을 충족시키지 못한 사람은 누구인가?

〈거래조건〉

구분	내용
가입자격	외국인(1인 1계좌)
대상예금	저축예금
적용금리(세전)	연 0.1%
이자지급방식	해당 예금의 결산일 익일에 지급

구분	내용
우대서비스	전월말 기준 우대조건 2가지 이상을 충족하는 고객을 대상으로 이번 달 11일부터 다음 달 10일까지 면제(이 통장으로 거래 시) 및 우대 • 신규 및 전환일로부터 다음 다음 달 10일까지 조건 없이 우대내용 ①, ② 면제

우대조건	우대내용
① 이 통장에 월 50만 원 이상 급여이체 실적이 있는 경우	① 당행 인터넷(스마트)·텔레·모바일뱅킹 타행 이체 수수료 면제
② 이 통장의 월 평균 잔액이 50만 원 이상인 경우	② 당행 CD/ATM기 당행 이체 및 출금 수수료 면제
③ 건당 미화 500불 상당액 이상의 외화 송금 또는 건당 미화 500불 상당액 이상의 환전 실적이 있는 경우	③ 해외송금수수료 60% 우대
④ 당행을 외국환지정은행으로 등록한 경우	④ 외화현찰환전환율수수료 50% 우대
⑤ 외국인우대적금 전월 납입 실적이 있는 경우	

• 우대내용 ①, ②는 이 통장 거래 시 월 20회(합산) 이내에서 면제
• 우대내용 ③, ④는 이 통장 실명확인번호로 창구거래 시에만 횟수 제한 없이 면제

구분	내용
계약해지	영업점에서 해지 가능

① 외국인우대통장에 월 30만 원의 급여이체 실적이 있는 외국인 A씨
② 외국인우대통장의 월 평균 잔액이 65만 원인 외국인 B씨
③ 건당 미화 700불의 외화송금 실적이 있는 외국인 C씨
④ 해당은행을 외국환지정은행으로 등록한 외국인 D씨
⑤ 외국인우대적금 전월 납입 실적이 있는 외국인 E씨

> Tip ① 외국인우대통장에 월 50만 원 이상의 급여이체 실적이 있는 경우 우대조건을 충족하게 된다.

❚ 13~14 ❚ 다음은 상품설명서 중 일부이다. 물음에 답하시오.

<거래조건>

구분	내용
가입자격	신규 임관 군 간부(장교, 부사관, 군의관, 법무관, 공중보건의 등) ※ 신규 임관 기준 : 군 신분증의 임관일로부터 익년도말까지
예금종류	자유로우대적금
가입기간	12개월 이상 24개월 이내(월 단위)
적립방식	자유적립식
가입금액	초입금 및 매회 입금 1만 원 이상, 1인당 월 20만 원 이내 자유적립
기본금리 (연 %, 세전)	자유로우대적금 가입기간별 금리에 따름

우대금리 (%p. 세전)	아래 우대조건을 만족하는 경우 가입일 현재 기본금리에 가산하여 만기해지 시 적용	

세부조건	우대금리
이 적금 가입기간 중 만기 전월까지 "6개월 이상" A은행에 급여이체 시	0.2
가입월부터 만기 전월까지 기간 중 A은행 카드(개인 신용·체크) 월 평균 20만 원 이상 이용 시	0.2
만기일 전월말 기준으로 A은행의 주택청약종합저축(청약저축 포함) 가입 시	0.2

Answer ┌→ 12.①

13 다음은 상품설명서의 일부이다. 다음 중 위 상품의 우대금리를 받을 수 있는 사람은?

① 적금 가입기간 중 만기 전월까지 5개월 동안 A은행에 급여이체를 한 민수

② 가입월부터 만기 전월까지의 기간 중 A은행 카드로 월 평균 15만 원을 이용한 진성

③ 적금 만기 후 A은행의 주택청약종합저축에 가입한 대원

④ 가입월부터 만기 전월까지의 기간 중 A은행 카드로 월 평균 10만 원을 이용한 준형

⑤ 적금 가입기간 중 만기 전월까지 7개월 동안 A은행에 급여이체를 한 경준

 ⑤ 적금 가입기간 중 만기 전월까지 "6개월 이상" A은행에 급여이체 시 우대금리를 받을 수 있다.

14 다음 중 위 적금에 가입할 수 없는 사람은?

① 육군 장교로 임관한 권 소위

② 공군에 입대한 전 이병

③ 군의관으로 임관한 빈 소위

④ 해병대 부사관으로 임관한 송 하사

⑤ 법무관으로 임관한 장 소위

 ② 해당 상품은 신규 임관 군 간부만이 가입할 수 있는 상품으로 일반 사병으로 입대한 전 이병은 가입할 수 없다.

【15～16】 표준 업무시간이 80시간인 업무를 각 부서에 할당해 본 결과, 다음과 같은 표를 얻었다. 물음에 답하시오.

부서명	투입인원(명)	개인별 업무시간(시간)	회의	
			횟수(회)	소요시간(시간/회)
A	2	41	3	1
B	3	30	2	2
C	4	22	1	4

※ 업무 효율 = $\dfrac{\text{표준 업무시간}}{\text{총 투입시간}}$

※ 총 투입시간은 개인별 투입시간의 합임.

※ 개인별 투입시간＝개인별 업무시간＋회의 소요시간.

※ 부서원은 업무를 분담하여 동시에 수행할 수 있음.

※ 투입된 인원의 업무능력과 인원당 소요시간이 동일하다고 가정함.

15 다음 중 각 부서의 개인별 투입시간으로 옳은 것은?

① A 부서 : 26시간　　　　　　② A 부서 : 28시간

③ B 부서 : 31시간　　　　　　④ B 부서 : 34시간

⑤ C 부서 : 44시간

 ㉠ 개인별 투입시간＝개인별 업무시간＋회의 소요시간
ㄴ 회의 소요시간＝횟수×소요시간
- A부서의 개인별 투입시간＝41＋(3×1)＝44시간
- B부서의 개인별 투입시간＝30＋(2×2)＝34시간
- C부서의 개인별 투입시간＝22＋(1×4)＝26시간

16 어느 부서의 업무효율이 가장 높은가?

① A　　　　　　　　　　　② B

③ C　　　　　　　　　　　④ A, B

⑤ B, C

 ㉠ 총 투입시간이 적을수록 업무효율이 높다.
ㄴ 총 투입시간＝투입인원×개인별 투입시간
- A부서의 총 투입시간＝2×44＝88시간
- B부서의 총 투입시간＝3×34＝102시간
- C부서의 총 투입시간＝4×26＝104시간

Answer↪　13.⑤　14.②　15.④　16.①

17 다음은 무농약농산물과 저농약농산물 인증기준에 대한 자료이다. 자신이 신청한 인증을 받을 수 있는 사람을 모두 고르면?

> 무농약농산물과 저농약농산물의 재배방법은 각각 다음과 같다.
> 1) 무농약농산물의 경우 농약을 사용하지 않고, 화학비료는 권장량의 2분의 1 이하로 사용하여 재배한다.
> 2) 저농약농산물의 경우 화학비료는 권장량의 2분의 1 이하로 사용하고, 농약은 살포시기를 지켜 살포 최대횟수의 2분의 1 이하로 사용하여 재배한다.
>
> 〈농산물별 관련 기준〉
>
> | 종류 | 재배기간 내 화학비료 권장량(kg/ha) | 재배기간 내 농약살포 최대횟수 | 농약 살포시기 |
> |------|------|------|------|
> | 사과 | 100 | 4 | 수확 30일 전까지 |
> | 감 | 120 | 4 | 수확 14일 전까지 |
> | 복숭아 | 50 | 5 | 수확 14일 전까지 |
>
> ※ 1ha=10,000㎡, 1t=1,000kg

> • 甲 : 5km²의 면적에서 재배기간 동안 농약을 전혀 사용하지 않고 20t의 화학비료를 사용하여 사과를 재배하였으며, 이 사과를 수확하여 무농약농산물 인증신청을 하였다.
> • 乙 : 3ha의 면적에서 재배기간 동안 농약을 1회 살포하고 50kg의 화학비료를 사용하여 복숭아를 재배하였다. 하지만 수확시기가 다가오면서 병충해 피해가 나타나자 농약을 추가로 1회 살포하였고, 열흘 뒤 수확하여 저농약농산물 인증신청을 하였다.
> • 丙 : 가로와 세로가 각각 100m, 500m인 과수원에서 감을 재배하였다. 재배기간 동안 총 2회 (올해 4월 말과 8월 초) 화학비료 100kg씩을 뿌리면서 병충해 방지를 위해 농약도 함께 살포하였다. 추석을 맞아 9월 말에 감을 수확하여 저농약농산물 인증신청을 하였다.

① 甲   ② 甲, 乙

③ 甲, 丙   ④ 乙, 丙

⑤ 甲, 乙, 丙

 • 甲 : 5㎢는 500ha이므로 사과를 수확하여 무농약농산물 인증신청을 하려면 농약을 사용하지 않고, 화학비료는 50,000kg(=50t)의 2분의 1 이하로 사용하여 재배해야 한다. 사용된 화학비료는 20t(20,000kg)이고, 농약을 사용하지 않았으므로 무농약농산물 인증을 받을 수 있다.
• 乙 : 복숭아의 농약 살포시기는 수확 14일 전까지이다. 저농약농산물 인증신청을 위한 살포시기를 지키지 못 하였으므로 인증을 받을 수 없다.
• 丙 : 5ha(100m×500m)에서 감을 수확하여 저농약농산물 인증신청을 하려면 화학비료는 600kg의 2분의 1 이하로 사용하고, 농약은 살포시기를 지켜(수확 14일 전까지) 살포 최대횟수인 4회의 2분의 1 이하로 사용하여 재배해야한다. 사용된 화학비료는 100kg이고, 총 2회 살포하였으므로 저농약농산물 인증을 받을 수 있다.

18 다음은 새로 출시된 스마트통장에 관한 설명이다. 이 통장에 가입할 수 없는 사람은?

〈스마트통장〉

1. 상품특징
   만 14세~33세 대학생 등 젊은 고객을 대상으로 우대서비스를 제공하는 요구불 상품

2. 가입대상
   만 14세~33세 개인(1인 1통장)

3. 가입기간
   제한 없음

4. 금리안내
   기본금리 연 1.5%(일별잔액 100만 원 한도, 100만 원 초과시 0.1%)

5. 우대금리
   • 당행 최초 거래 고객 : 연 0.5%p(일별 잔액 100만 원 이하)
   • 우대금리 적용요건
   −A은행 글로벌체크카드 또는 스마티신용카드 가입고객이 본 상품을 결제계좌로 사용하는 경우로서 요건에 해당하는 경우
   −스마트통장 가입일이 A은행에 고객정보 최초 등록일과 동일한 경우

① 고등학교에 갓 입학한 만 17세 영재
② 직장에 다니는 만 35세 종엽
③ 갓 대학교에 입학한 만 20세 재영
④ 회사에 취직한 만 27세 희진
⑤ 대학을 막 졸업한 만 24세 하나

 ② 해당 상품은 만 14세~33세 개인만이 가입할 수 있는 상품으로 만 35세인 종엽이는 가입할 수 없다.

Answer↱ 17.③ 18.②

19 신입사원 A는 상사로부터 아직까지 '올해의 농업인 상'투표에 참여하지 않은 사원들에게 투표 참여 안내 문자를 발송하라는 지시를 받았다. 다음에 제시된 내용을 바탕으로 할 때, A가 문자를 보내야하는 사원은 몇 명인가?

> '올해의 농업인 상' 후보에 총 5명(甲~戊)이 올랐다. 수상자는 120명의 신입사원 투표에 의해 결정되며 투표규칙은 다음과 같다.
> • 투표권자는 한 명당 한 장의 투표용지를 받고, 그 투표용지에 1순위와 2순위 각 한 명의 후보자를 적어야 한다.
> • 투표권자는 1순위와 2순위로 동일한 후보자를 적을 수 없다.
> • 투표용지에 1순위로 적힌 후보자에게는 5점이, 2순위로 적힌 후보자에게는 3점이 부여된다.
> • '올해의 농업인 상'은 개표 완료 후, 총 점수가 가장 높은 후보자가 수상하게 된다.
> • 기권표와 무효표는 없다.
>
> 현재 투표까지 중간집계 점수는 다음과 같다.
>
> | 후보자 | 중간집계 점수 |
> |---|---|
> | 甲 | 360 |
> | 乙 | 15 |
> | 丙 | 170 |
> | 丁 | 70 |
> | 戊 | 25 |

① 50명　　　　　　　　　　② 45명

③ 40명　　　　　　　　　　④ 35명

⑤ 30명

 1명의 투표권자가 후보자에게 줄 수 있는 점수는 1순위 5점, 2순위 3점으로 총 8점이다. 현재 투표까지 중간집계 점수가 640이므로 80명이 투표에 참여하였으며, 아직 투표에 참여하지 않은 사원은 120-80 =40명이다. 따라서 신입사원 A는 40명의 사원에게 문자를 보내야 한다.

20 갑, 을, 병 세 사람이 정이 새로 구입한 스마트폰의 색상에 대해 자신들의 의견을 다음과 같이 이야기하고 있다. 한 사람만 거짓말을 하고 있다면 정이 산 스마트폰의 색상으로 옳은 것은?

> ㉠ 갑 : 금색은 아니야.
> ㉡ 을 : 검은색이나 흰색 중 하나일거야.
> ㉢ 병 : 아니야, 분명이 검은색이야.

① 금색   ② 흰색
③ 검은색   ④ 은색
⑤ 남색

 ㉠ 정의 핸드폰이 금색이면 을, 병 모두 거짓이다.
㉡ 정의 핸드폰이 검은색이라면 갑, 을, 병 모두 참이다.
㉢ 정의 핸드폰이 흰색이라면 갑, 을은 참이고 병은 거짓이다.
한 사람만 거짓말을 했으므로 정의 핸드폰은 흰색이 된다.

Answer ↪ 19.③   20.②

PART

III

실전 모의고사

● 의사소통능력 [30문항]

1 다음의 밑줄 친 단어의 의미와 동일하게 쓰인 것을 고르시오.

> 기획재정부는 26일 OO센터에서 '2017년 지방재정협의회'를 열고 내년도 예산안 편성 방향과 지역 현안 사업을 논의했다. 이 자리에는 17개 광역자치단체 부단체장과 기재부 예산실장 등 500여 명이 참석해 2018년 예산안 편성 방향과 약 530건의 지역 현안 사업에 대한 협의를 진행했다.
>
> 기재부 예산실장은 "내년에 정부는 일자리 창출, 4차 산업 혁명 대응, 저출산 극복, 양극화 완화 등 4대 핵심 분야에 예산을 집중적으로 투자할 계획이라며 이를 위해 신규 사업 관리 강화 등 10대 재정 운용 전략을 활용, 재정 투자의 효율성을 높여갈 것"이라고 밝혔다. 이어 각 지방자치단체에서도 정부의 예산 편성 방향에 부합하도록 사업을 신청해 달라고 요청했다.
>
> 기재부는 이날 논의한 지역 현안 사업이 각 부처의 검토를 <u>거쳐</u> 다음달 26일까지 기재부에 신청되면, 관계 기관의 협의를 거쳐 내년도 예산안에 반영한다.

① 학생들은 초등학교부터 중학교, 고등학교를 <u>거쳐</u> 대학에 입학하게 된다.
② 가장 어려운 문제를 해결했으니 이제 특별히 <u>거칠</u> 문제는 없다.
③ 이번 출장 때는 독일 베를린을 <u>거쳐</u> 오스트리아 빈을 다녀올 예정이다.
④ 오랜만에 뒷산에 올라 보니, 무성하게 자란 칡덩굴이 발에 <u>거친다</u>.
⑤ 일단 기숙사 학생들의 편지는 사감 선생님의 손을 <u>거쳐야</u> 했다.

2 다음 중 본문에 제시된 '사회적 경제'의 개념과 가장 거리가 먼 것은?

> 자연과 공존을 중시하며 환경오염, 기후변화, 자원부족 등을 극복하기 위한 노력이 증대되고 있다. 또한 자본주의 시장경제의 전개 과정에서 발생한 다양한 사회문제에 대응하여 대안적 삶을 모색하고 공생사회를 지향하는 가치관이 확산되고 있다. 이러한 흐름 속에서 부상한 사회적 경제는 이윤의 극대화를 최고 가치로 삼는 시장경제와 달리, 사람의 가치에 우위를 두는 사람 중심의 경제활동이자, 여러 경제주체를 존중하는 다양성의 경제다. 사회적 경제는 국가, 시장, 공동체의 중간 영역으로 정의되기도 한다. 이러한 정의는 사회적 경제가 공식 경제와 비공식 경제, 영리와 비영리, 공과 사의 경계에 존재함을 의미하고, 궁극적으로 국가 공동체가 새로운 거버넌스의 원리에 따라 재구성되어야 한다는 것을 의미한다.
>
> 최근에 들어 우리 사회뿐만 아니라 세계적 흐름으로 발전하고 있는 사회적 경제는 시장경제에 위기가 도래하면 부상하고, 그 위기가 진정되면 가라앉는 특징을 보인다. 복지국가 담론에 대한 회의 혹은 자본주의 시장 실패에 대한 대안이나 보완책으로 자주 거론되고 있다. 또한, 양극화 해소나 일자리 창출 등의 공동이익과 사회적 가치의 실현을 위한 상호협력과 사회연대라는 요구와 관련된다.

① 기존의 복지국가 담론
② 자본주의 시장 실패의 대안 모델
③ 공식 경제와 비공식 경제의 경계
④ 사람의 가치를 존중하는 사람 중심의 경제
⑤ 상호협력과 사회연대를 바탕으로 한 경제적 활동

3 다음 글을 읽고 내용을 포괄하는 문장으로 가장 적절한 것은?

정의(正義)라는 것은 우리에게 주어진 절대적인 실질성을 가지고 있는 것이 아니라 인간이 그 실질성을 위하여 노력하는 목표라고 볼 수 있다. 그러므로 이것도 역시 우리의 영원한 과제일 수밖에 없다. 그렇다고 법의 이념이 정의라는 것을 부인하는 것은 아니며, 이것은 법 자체가 매우 주체적인 것이라는 데서 오는 필연적인 결말이라고도 할 수 있다. 정의가 구체적 사안에서 어떻게 작용하는가에 따라 헌법에서 이것을 기본권으로 보장한 것만으로는 화중지병(畫中之餠)에 불과하다. 이것이 실질적으로 보장되어야 하며, 그것을 보장하는 것이 사법 과정의 임무일지도 모른다. 미국 연방 대법원의 현관에 '법 아래 평등한 정의'라는 글귀도 고전적, 시민적 정의를 나타낸 것이다. 자유와 평등은 법의 이념으로서의 정의의 내용이면서 어떤 의미에서는 이율배반적인 면을 가지고 있다. 즉, 자유를 극대화하면 불평등이 나타나고 평등을 극대화하면 부자유가 나타난다. 따라서 이 양자의 모순점을 어디에서 조화시켜 실질적인 자유와 평등을 아울러 실현시킬 것인가 하는 것은 법이 풀어야 할 또 하나의 과제라고 하겠다.

정의에 모순이 내재한다고 하더라도 정의는 자의(恣意)를 배척한다. 이 점에서 정의는 원칙적으로 일반화적(一般化的) 정의로서 나타난다. 이 일반화적 정의가 개개의 구체적 사안에 부딪쳐 오히려 부정의(不正義)의 결과가 될 수도 있다. 이리하여 개별화적(個別化的) 정의라는 관념이 나온다. 이 양자는 추상(秋霜)과 같은 날카로움을 가진 것이다. "세계는 망하더라도 정의는 일어서야 한다.'라는 격언은 그것을 나타낸 것이며, 사형을 선고받고 탈옥을 거부하고 옥리(獄吏)가 준 독배를 마시고 죽은 소크라테스의 고사는 수동적인 정의의 실현이다. 그러나 법은 사회 규범이므로 성인이나 영웅이 아닌 평균인을 기준으로 한다. 일반화적 정의는 때로 성인이나 영웅에게나 기대할 수 있는 행위를 요구하나, 그것은 개별화적 정의의 수정을 받지 않을 수 없다.

① 법의 이념인 정의는 절대적인 실질성을 갖지 않으므로 일반화적 정의는 개별화된 정의를 통해 수정되어 나가야 한다.
② 자유와 평등이라는 정의의 이념은 모순을 내포하고 있으므로 양자를 조화하여 실현하는 것이 법의 과제이다.
③ 정의의 규정이 자의를 배척한다고 해서 일반화적 정의를 그대로 따르는 것은 수동적인 정의의 실현에 불과하다.
④ 법은 성인이나 영웅이 아닌 평균인을 표준으로 해야 하므로 일반화적 정의로는 법의 이념을 충실히 구현할 수 없다.
⑤ 정의는 법의 실질적인 목표가 아니라 이념적인 목표이므로 자의적으로 해석되어서는 안 된다.

4 다음 밑줄 친 문구를 어법에 맞게 수정한 내용으로 적절하지 않은 것을 고르시오.

> A : 지속가능보고서를 2007년 창간 이래 <u>매년 발간에 의해</u> 이해 관계자와의 소통이 좋아졌다.
> B : 2012년부터 시행되는 신재생에너지 공급의무제는 회사의 <u>주요 리스크로</u> 이를 기회로 승화
> 　　시키기 위한 노력을 하고 있다.
> C : 전력은 필수적인 에너지원이므로 과도한 사용을 <u>삼가야 한다</u>.
> D : <u>녹색 기술 연구 개발 투자 확대</u> 및 녹색 생활 실천 프로그램을 시행하여 온실가스 감축에
> 　　전 직원의 역량을 결집하고 있다.
> E : 녹색경영위원회를 설치하여 전문가들과 함께하는 토론을 주기적으로 하고 있으며, 내·외부
> 　　<u>전문가의 의견 자문을 구하고 있다</u>.

① A : '매년 발간에 의해'가 어색하므로 문맥에 맞게 '매년 발간함으로써'로 고친다.

② B : '주요 리스크로'는 조사의 쓰임이 어울리지 않으므로, '주요 리스크이지만'으로 고친다.

③ C : '삼가야 한다'는 어법상 맞지 않으므로 '삼가해야 한다'로 고친다.

④ D : '및'의 앞은 명사구로 되어 있고 뒤는 절로 되어 있어 구조가 대등하지 않으므로, 앞 부분
　　을 '녹색 기술 연구 개발에 대한 투자를 확대하고'로 고친다.

⑤ E : '전문가의 의견 자문을 구하고 있다'는 어법에 맞지 않으므로, '전문가들에게 의견을 자문
　　하고 있다'로 고친다.

5 다음은 ○○기관 디자인팀의 주간회의록이다. 자료에 대한 내용으로 옳은 것은?

<table>
<tr><td colspan="6" align="center">〈주간회의록〉</td></tr>
<tr><td>회의일시</td><td>2017-07-03(월)</td><td>부서</td><td>디자인팀</td><td>작성자</td><td>D 사원</td></tr>
<tr><td>참석자</td><td colspan="5">김 과장, 박 주임, 최 사원, 이 사원</td></tr>
<tr><td rowspan="2">회의안건</td><td colspan="5">1. 개인 주간 스케줄 및 업무 점검</td></tr>
<tr><td colspan="5">2. 2017년 회사 홍보 브로슈어 기획</td></tr>
<tr><td rowspan="3">회의내용</td><td colspan="3" align="center">내용</td><td colspan="2" align="center">비고</td></tr>
<tr><td colspan="3">1. 개인 스케줄 및 업무 점검
• 김 과장 : 브로슈어 기획 관련 홍보팀 미팅, 외부 디자이너 미팅
• 박 주임: 신제품 SNS 홍보이미지 작업, 회사 영문 서브페이지 2차 리뉴얼 작업 진행
• 최 사원 : 2017년도 홈페이지 개편 작업 진행
• 이 사원 : 7월 사보 편집 작업</td><td colspan="2">• 7월 8일 AM 10:00 디자인팀 전시회 관람</td></tr>
<tr><td colspan="3">2. 2017년도 회사 홍보 브로슈어 기획
• 브로슈어 주제 : '신뢰'
-창립 ○○주년을 맞아 고객의 신뢰로 회사가 성장했음을 강조
-한결같은 모습으로 고객들의 지지를 받아왔음을 기업 이미지로 표현
• 20페이지 이내로 구성 예정</td><td colspan="2">• 7월 5일까지 홍보팀에서 2017년 브로슈어 최종원고 전달 예정</td></tr>
<tr><td rowspan="3">결정사항</td><td colspan="3" align="center">내용</td><td align="center">작업자</td><td align="center">진행일정</td></tr>
<tr><td colspan="3">브로슈어 표지 이미지 샘플 조사</td><td>최 사원, 이 사원</td><td>2017-07-03 ~
2017-07-04</td></tr>
<tr><td colspan="3">브로슈어 표지 시안 작업 및 제출</td><td>박 주임</td><td>2017-07-03 ~
2017-07-07</td></tr>
<tr><td>특이사항</td><td colspan="5">다음 회의 일정 : 7월 10일
• 브로슈어 표지 결정, 내지 1차 시안 논의</td></tr>
</table>

① ○○기관은 외부 디자이너에게 브로슈어 표지 이미지 샘플을 요청하였다.
② 디자인팀은 이번 주 금요일에 전시회를 관람할 예정이다.
③ 김 과장은 이번 주에 내부 미팅, 외부 미팅이 모두 예정되어 있다.
④ 이 사원은 이번 주에 7월 사보 편집 작업만 하면 된다.
⑤ 최 사원은 2017년도 홈페이지 개편 작업을 완료한 후, 브로슈어 표지 이미지 샘플을 조사할 예정이다.

6 ㉠의 의미와 가장 유사한 것은?

> 흔히 말하는 결단이란 용기라든가 과단성을 전제로 한다. 거센 세상을 살아가노라면 때로는 중대한 고비가 나타난다. 그럴 때 과감하게 발 벗고 나서서 자신을 ㉠ 던질 수 있는 용기를 통해 결단이 이루어질 수 있을 것이다. 그럼에도 내 자신은 사람됨이 전혀 그렇지 못하다.

① 승리의 여신이 우리 선수들에게 미소를 던졌다.
② 그는 유능한 기사였지만 결국 돌을 던지고 말았다.
③ 최동원은 직구 위주의 강속구를 던지는 정통파 투수였다.
④ 그 사건이 승승장구하던 김 대리의 앞날에 어두운 그림자를 던졌다.
⑤ 물론 인간은 이따금 어떤 추상적인 사상이나 이념에 일생을 던져 몰입하는 수가 있지.

7 다음 중 글의 내용과 일치하지 않는 것은?

시간 예술이라고 지칭되는 음악에서 템포의 완급은 대단히 중요하다. 동일곡이지만 템포의 기준을 어떻게 잡아서 재현해 내느냐에 따라서 그 음악의 악상은 달라진다. 그런데 이처럼 중요한 템포의 인지 감각도 문화권에 따라, 혹은 민족에 따라서 상이할 수 있으니, 동일한 속도의 음악을 듣고도 누구는 빠르게 느끼는 데 비해서 누구는 느린 것으로 인지하는 것이다. 결국 문화권에 따라서 템포의 인지 감각이 다를 수도 있다는 사실은 바꿔 말해서 서로 문화적 배경이 다르면 사람에 따라 적절하다고 생각하는 모데라토의 템포도 큰 차이가 있을 수 있다는 말과 같다.

한국의 전통 음악은 서양 고전 음악에 비해서 비교적 속도가 느린 것이 분명하다. 대표적 정악곡(正樂曲)인 '수체천(壽齊天)'이나 '상령산(上靈山)' 등의 음악을 들어보면 수긍할 것이다. 또한 이 같은 구체적인 음악의 예가 아니더라도 국악의 첫인상을 일단 '느리다'고 간주해 버리는 일반의 통념을 보더라도 전래의 한국 음악이 보편적인 서구 음악에 비해서 느린 것은 틀림없다고 하겠다.

그런데 한국의 전통 음악이 서구 음악에 비해서 상대적으로 속도가 느린 이유는 무엇일까? 이에 대한 해답도 여러 가지 문화적 혹은 민족적인 특질과 연결해서 생각할 때 결코 간단한 문제가 아니겠지만, 여기서는 일단 템포의 계량적 단위인 박(beat)의 준거를 어디에 두느냐에 따라서 템포 관념의 차등이 생겼다는 가설 하에 설명을 하기로 한다. 한국의 전통 문화를 보면 그 저변의 잠재의식 속에는 호흡을 중시하는 징후가 역력함을 알 수 있는데, 이 점은 심장의 고동을 중시하는 서양과는 상당히 다른 특성이다. 우리의 문화 속에는 호흡에 얽힌 생활 용어가 한두 가지가 아니다. 숨을 한 번 내쉬고 들이마시는 동안을 하나의 시간 단위로 설정하여 일식간(一息間) 혹은 이식간(二息間)이니 하는 양식척(量息尺)을 써 왔다. 그리고 감정이 격앙되었을 때는 긴 호흡을 해서 감정을 누그러뜨리거나 건강을 위해 단전 호흡법을 수련한다. 이것은 모두 호흡을 중시하고 호흡에 뿌리를 둔 문화 양식의 예들이다. 더욱이 심장의 정지를 사망으로 단정하는 서양과는 달리 우리의 경우에는 '숨이 끊어졌다'는 말로 유명을 달리했음을 표현한다.

이와 같이 확실히 호흡의 문제는 모든 생리 현상에서부터 문화 현상에 이르기까지 우리의 의식 저변에 두루 퍼져있는 민족의 공통적 문화소가 아닐 수 없다. 이와 같은 동서양 간의 상호 이질적인 의식 성향을 염두에 두고 각자의 음악을 관찰해 보면, 서양의 템포 개념은 맥박, 곧 심장의 고동에 기준을 두고 있으며, 우리의 그것은 호흡의 주기, 즉 폐부의 운동에 뿌리를 두고 있음을 알 수 있다. 서양의 경우 박자의 단위인 박을 비트(beat), 혹은 펄스(pulse)라고 한다. 펄스라는 말이 곧 인체의 맥박을 의미하듯이 서양음악은 원초적으로 심장을 기준으로 출발한 것이다. 이에 비해 한국의 전통 음악은 모음 변화를 일으켜 가면서까지 길게 끌며 호흡의 리듬을 타고 있음을 볼 때, 근원적으로 호흡에 뿌리를 둔 음악임을 알 수 있다. 결국 한국 음악에서 안온한 마음을 느낄 수 있는 모데라토의 기준 속도는, 1분간의 심장의 박동수와 호흡의 주기와의 차이처럼, 서양 음악의 그것에 비하면 무려 3배쯤 느린 것임을 알 수 있다.

① 각 민족의 문화에는 민족의식이 반영되어 있다.

② 서양 음악은 심장 박동수를 박자의 준거로 삼았다.

③ 템포의 완급을 바꾸어도 악상은 변하지 않는다.

④ 우리 음악은 서양 음악에 비해 상대적으로 느리다.

⑤ 우리 음악의 박자는 호흡 주기에 뿌리를 두고 있다.

8 다음은 어느 공문서의 내용이다. 잘못된 부분을 수정하려고 할 때 옳지 않은 것은?

대한기술평가원

수신자 : 대한기업, 민국기업, 만세기업, 사랑기업, 서준기업 등

(경유)

제목 : 2015년 하반기 기술신용보증 및 기술평가 설명회 안내

〈중략〉

－아래－

1. 일시 : 2015년 8월 6일~8월 9일

2. 장소 : 대한기술평가원 대강당(서울 강남구 삼성동 소재)

3. 접수방법 : 대한기술평가원 홈페이지(fdjlkkl@dh.co.kr)에서 신청서 작성 후 방문 접수 및 온라인 접수

붙임 : 2015년 하반기 기술신용보증 및 기술평가 설명회 신청서 1부

대한기술평가원장

과장 홍길동   부장 임꺽정   대결 홍경래

협조자

시행 : 기술신용보증평가부-150229(2015.06.13)

접수 : 서울 강남구 삼성동 113 대한기술평가원 기술신용보증평가부/http://www.dh.co.kr

전화 : 02-2959-2225 팩스 : 02-7022-1262/fdjlkkl@dh.co.kr/공개

---

① 시행 항목의 시행일자 뒤에 수신기관의 문서보존기간을 삽입해야 한다.

② 붙임 항목 맨 뒤에 "."을 찍고 1자 띄우고 '끝.'을 기입해야 한다.

③ 일시의 연월일을 온점(.)으로 고쳐야 한다.

④ 수신자 목록을 발신명의 아래에 수신처 참조 목록으로 내려 기입해야 한다.

⑤ 보존기간의 표시로 영구, 준영구, 10년, 5년 등을 사용할 수 있다.

9 다음은 출산율 저하와 인구정책에 관한 글을 쓰기 위해 정리한 글감과 생각이다. 〈보기〉와 같은 방식으로 내용을 전개하려고 할 때 바르게 연결된 것은?

> ㉠ 가임 여성 1인당 출산율이 1.3명으로 떨어졌다.
> ㉡ 여성의 사회 활동 참여율이 크게 증가하고 있다.
> ㉢ 현재 시행되고 있는 출산장려 정책은 큰 효과가 없다.
> ㉣ 새롭고 실제 가정에 도움이 되는 출산장려 정책이 추진되어야 한다.
> ㉤ 가치관의 변화로 자녀의 필요성을 느끼지 않는다.
> ㉥ 인구 감소로 인해 노동력 부족 현상이 심화된다.
> ㉦ 노동 인구의 수가 국가 산업 경쟁력을 좌우한다.
> ㉧ 인구 문제에 대한 정부 차원의 대책을 수립한다.

> 〈보기〉
> 문제 상황 → 상황의 원인 → 예상 문제점 → 주장 → 주장의 근거 → 종합 의견

	문제 상황	상황의 원인	예상 문제점	주장	주장의 근거	종합 의견
①	㉠, ㉡	㉤	㉢	㉣	㉥, ㉦	㉧
②	㉠	㉡, ㉤	㉥, ㉦	㉣	㉢	㉧
③	㉡, ㉤	㉥	㉠	㉢, ㉣	㉧	㉦
④	㉢	㉠, ㉡, ㉤	㉦	㉧	㉥	㉣
⑤	㉣	㉠, ㉡, ㉧	㉢	㉤	㉥	㉦

10 다음 글의 내용과 부합하는 것은?

　　여러 가지 호흡기 질환을 일으키는 비염은 미세먼지 속의 여러 유해 물질들이 코 점막을 자극하여 맑은 콧물이나 코막힘, 재채기 등의 증상을 유발하는 것을 말한다. 왜 코 점막의 문제인데, 비염 증상으로 재채기가 나타날까? 비염 환자들의 코 점막을 비내시경을 통해 관찰하게 되면 알레르기성 비염 환자에겐 코 점막 내의 돌기가 관찰된다. 이 돌기들이 외부에서 콧속으로 유입되는 먼지, 꽃가루, 유해물질 등에 민감하게 반응하면서 재채기 증상이 나타나는 것이다.

　　알레르기성 비염은 집먼지, 진드기 등이 매개가 되는 통연성 비염과 계절성 원인이 문제가 되는 계절성 비염으로 나뉜다. 최근 들어 미세먼지, 황사 등 대기 질을 떨어뜨리는 이슈가 자주 발생하면서 계절성 비염의 발생 빈도는 점차 늘어나고 있는 추세다.

　　아직도 비염을 단순히 코 점막 질환이라 생각한다면 큰 오산이다. 비염은 면역력의 문제, 체열 불균형의 문제, 장부의 문제, 독소의 문제가 복합적으로 얽혀서 코 점막의 비염 증상으로 표출되는 복합질환이다. 비염의 원인이 다양하고 복합적인만큼 환자마다 나타나는 비염 유형도 가지각색이다. 비염 유형에 따른 비염 증상에는 어떤 것이 있을까? 비염은 크게 열성 비염, 냉성 비염, 알레르기성 비염으로 나눌 수 있다.

　　가장 먼저, 열성 비염은 뇌 과열과 소화기의 열이 주된 원인으로 발생한다. 코 점막을 건조하게 만드는 열은 주로 뇌 과열과 소화기의 열 상승으로 발생하기 때문에 비염 증상으로는 코 점막의 건조, 출혈 및 부종 외에도 두통, 두중감, 학습장애, 얼굴열감, 급박한 변의 등이 동반되어 나타날 수 있다. 냉성 비염은 호흡기의 혈액순환 저하로 코 점막이 창백해지고 저온에 노출됐을 때 맑은 콧물 및 시큰한 자극감을 주 증상으로 하는 비염을 말한다. 또한, 호흡기 점막의 냉각은 소화기능의 저하와 신진대사 저하를 동반하기도 한다. 냉성 비염 증상은 맑은 콧물, 시큰거림 외에도 수족냉증, 체열 저하, 활력 감소, 만성 더부룩함, 변비가 동반되어 나타난다. 알레르기성 비염은 먼지, 꽃가루, 온도 등에 대한 면역 반응성이 과도하여 콧물, 코막힘, 재채기, 가려움증 등을 유발하는 비염 유형이다. 알레르기성 비염은 임상적으로 열성과 냉성으로 또 나눌 수 있는데, 열성 비염의 동반증상으로는 코막힘, 건조함, 충혈, 부종 및 콧물이 있고, 냉성 비염의 동반증상은 맑은 콧물과 시큰한 자극감이 나타날 수 있다.

　　겨울철 환절기인 9~11월, 알레르기성 비염과 코감기 때문에 고생하는 이들이 많다. 코감기는 알레르기성 비염과 증상이 비슷해 많은 이들이 헷갈려 하지만, 치료법이 다르기 때문에 정확하게 구분하는 것이 중요하다. 알레르기성 비염은 여러 자극에 대해 코 점막이 과잉반응을 일으키는 염증성 질환으로 맑은 콧물, 코막힘, 재채기라는 3대 비염 증상과 함께 코 가려움증, 후비루 등이 나타날 수 있다. 또한 발열이나 오한 없이 오직 코의 증상이 나타나는데, 원인은 일교차, 꽃가루, 스트레스 등으로 다양하다. 반면 코감기는 몸 전체가 아픈 바이러스질환으로 누런 코, 심한 코막힘에 오한, 발열을 동반한 코 증상이 있으며, 코 점막이 새빨갛게 부어 오른 경우는 코감기로 볼 수 있다. 코감기는 충분한 휴식만으로도 치료가 가능할 수 있지만 알레르기성 비염은 꼭 약물치료가 필요하다.

① 비염은 단순히 코 점막의 질환이다.
② 냉성 비염은 뇌 과열과 소화기의 열이 주된 원인으로 발생한다.
③ 열성 비염은 두통, 두중감, 학습장애, 얼굴열감, 급박한 변의 등이 동반되어 나타날 수 있다.
④ 코감기는 오한이나 발열없이 맑은 콧물, 코막힘, 재채기의 증상이 나타난다.
⑤ 3대 비염증상은 진한 콧물, 빨간 코점막, 재채기이다.

11 다음은 '전교생을 대상으로 무료급식을 시행해야 하는가?'라는 주제로 철수와 영수가 토론을 하고 있다. 보기 중 옳지 않은 것은?

> 철수 : 무료급식은 급식비를 낼 형편이 없는 학생들을 위해서 마련되어야 하는데 지금 대부분의 학교에서는 이 아이들뿐만 아니라 형편이 넉넉한 아이들까지도 모두 대상으로 삼고 있으니 이는 문제가 있다고 봐.
> 영수 : 하지만 누구는 무료로 급식을 먹고 누구는 돈을 내고 급식을 먹는다면 이는 형평성에 어긋난다고 생각해. 그래서 난 이왕 무료급식을 할 거라면 전교생에게 동등하게 그 혜택이 돌아가야 한다고 봐.
> 철수 : 음… 돈이 없는 사람은 무료로 급식을 먹고 돈이 있는 사람은 돈을 내고 급식을 먹는 것이 과연 형평성에 어긋난다고 할 수 있을까? 형평성이란 국어사전을 찾아보면 형평을 이루는 성질을 말하잖아. 여기서 형평이란 균형이 맞음. 또는 그런 상태를 말하는 것이고. 그러니까 형평이란 다시 말하면…
> 영수 : 아, 그래 네가 무슨 말을 하려고 하는지 알겠어. 그런데 나는 어차피 무료급식을 할 거라면 전교생이 다 같이 무료급식을 했으면 좋겠다는 거야. 그래야 서로 불화도 생기지 않으니까. 그리고 누구는 무료로 먹고 누구는 돈을 내고 먹을 거라면 난 차라리 무료급식을 안 하는 것이 낫다고 생각해.

① 위 토론에서 철수는 주제에서 벗어난 말을 하고 있다.
② 영수는 상대방의 말을 자르고 자기주장만을 말하고 있다.
③ 영수는 자신의 주장이 뚜렷하지 않다.
④ 위 토론의 주제는 애매모호하므로 주제를 수정해야 한다.
⑤ 철수는 '형평성'이라는 단어의 정의를 들고 있다.

12 다음 글 이후에 이어질 만한 내용으로 가장 거리가 먼 것은?

> 철도교통의 핵심 기능인 정거장의 위치 및 역간거리는 노선, 열차평균속도, 수요, 운송수입 등에 가장 큰 영향을 미치는 요소로 고속화, 기존선 개량 및 신선 건설시 주요 논의의 대상이 되고 있으며, 과다한 정차역은 사업비를 증가시켜 철도투자를 저해하는 주요 요인으로 작용하고 있다.
>
> 한편, 우리나라의 평균 역간거리는 고속철도 46km, 일반철도 6.7km, 광역철도 2.1km로 이는 외국에 비해 59~84% 짧은 수준이다. 경부고속철도의 경우 천안·아산역~오송역이 28.7km, 신경주역~울산역이 29.6km 떨어져 있는 등 1990년 기본계획 수립 이후 오송, 김천·구미, 신경주, 울산역 등 다수의 역 신설로 인해 운행 속도가 저하되어 표정속도가 선진국의 78% 수준이며, 경부선을 제외한 일반철도의 경우에도 표정속도가 45~60km/h 수준으로 운행함에 따라 타 교통수단 대비 속도경쟁력이 저하된 실정이다. 또한, 추가역 신설에 따른 역간거리 단축으로 인해 건설비 및 운영비의 대폭 증가도 불가피한 바, 경부고속철도의 경우 오송역 등 4개 역 신설로 인한 추가 건설비는 약 5,000억 원에 달한다. 운행시간도 당초 서울~부산 간 1시간 56분에서 2시간 18분으로 22분 지연되었으며, 역 추가 신설에 따른 선로분기기, 전환기, 신호기 등 시설물이 추가로 설치됨에 따라 유지보수비 증가 등 과잉 시설의 한 요인으로 작용했다. 이러한 역간 거리와 관련하여 도시철도의 경우 도시철도건설규칙에서 정거장 간 거리를 1km 이상으로 규정함으로써 표준 역간거리를 제시하고 있으나, 고속철도, 일반철도 및 광역철도의 정거장 위치와 역간 거리는 교통수요, 정거장 접근거리, 운행속도, 여객 및 화물열차 운행방법, 정거장 건설 및 운영비용, 선로용량 등 단일 차량과 단일 정차패턴이 기본인 도시철도에 비해 복잡한 변수를 내포함으로써 표준안을 제시하기가 용이하지 않았으며 관련 연구가 매우 부족한 상황이다.

① 외국인 노선별 역간 거리 비교
② 역간 거리가 철도 운행 사업자에게 미치는 영향 분석
③ 역간 거리 연장을 어렵게 하는 사회적인 요인 파악
④ 신설 노선 적정 역간 거리 유지 시 기대효과 및 사회적 비용 절감 요소 분석
⑤ 역세권 개발과 부동산 시장과의 상호 보완요인 파악

▌13~14▐ 다음은 환전 안내문이다. 이를 보고 물음에 답하시오.

일반 해외여행자(해외체재자 및 해외유학생이 아닌 분)의 해외여행경비
• 관광, 출장, 방문 등의 목적으로 해외여행시 아래와 같이 외화를 환전할 수 있다.

환전 한도	제출 서류
• 금액 제한 없음(다만, 외국인 거주자는 1만 불 이내) ※ 동일인 기준 미화 1만 불 초과 환전 시 국세청 및 관세청에 통보된다. ※ 미화 1만 불 초과하여 휴대 출국시, 출국 전에 관할 세관의장에게 신고하여여 한다.	• 실명확인증표 • 여권(외국인 거주자의 경우)

해외체재자(해외유학생 포함)의 해외여행경비
• 상용, 문화, 공무, 기술훈련, 6개월 미만의 국외연수 등으로 외국에 체재하는 기간이 30일을 초과하는 자(해외체재자) 및 외국의 교육기관 등에서 6개월 이상 수학, 연구, 연수목적 등으로 외국에 체재하는 자(해외유학생)에 대해 아래와 같이 외화를 환전할 수 있다.

환전 한도	제출 서류
• 금액 제한 없음 ※ 건당 미화 1만 불 초과 환전시, 지정거래은행으로부터 "외국환신고(확인)필증"을 발급 받으시기 바랍니다. ※ 연간 미화 10만 불 초과 환전 및 송금시, 국세청에 통보된다.	• 여권 • 입학허가서 등 유학사실 입증서류(해외유학생) • 소속 단체장 또는 국외연수기관장의 출장, 파견 증명서(해외체재자)

소지 목적의 외화환전
• 국민인 거주자는 소지를 목적으로 외국환은행으로부터 금액 제한 없이 외국통화 및 여행자수표를 매입할 수 있다.

환전 한도	제출 서류
• 금액 제한 없음 ※ 동일인 기준 미화 1만 불 초과 환전 시 국세청 및 관세청에 통보된다.	• 실명확인증표

북한지역 관광객 및 남북한 이산가족 방문여행자

환전 한도	제출 서류
• 미화 2천 불	• 여권 • 북한지역관광경비 지급영수증

13 관광 목적으로 미국을 여행하려는 자가 미화 1만 5천 불을 휴대하여 출국하려는 경우에는 누구에게 신고하여야 하는가?

① 한국은행 총재

② 국세청장

③ 관세청장

④ 관할 세관의장

⑤ 지정 거래은행장

14 해외유학생이 미화 1만 5천 불을 환전하는 경우에는 지정거래은행으로부터 어떤 서류를 발급 받아야 하는가?

① 소요 경비확인서

② 외국환신고(확인)필증

③ 취득경위 입증서류

④ 수수료 지급영수증

⑤ 실명확인증표

15 다음 글을 읽고 〈보기〉의 질문에 답을 할 때 가장 적절한 것은?

다세포 생물체는 신경계와 내분비계에 의해 구성 세포들의 기능이 조절된다. 이 중 내분비계의 작용은 내분비선에서 분비되는 호르몬에 의해 일어난다. 호르몬을 분비하는 이자는 소화선인 동시에 내분비선이다. 이자 곳곳에는 백만 개 이상의 작은 세포 집단들이 있다. 이를 랑게르한스섬이라고 한다. 랑게르한스섬에는 인슐린을 분비하는 β 세포와 글루카곤을 분비하는 α 세포가 있다.

인슐린의 주된 작용은 포도당이 세포 내로 유입되도록 촉진하여 혈액에서의 포도당 농도를 낮추는 것이다. 또한 간에서 포도당을 글리코겐의 형태로 저장하게 하며 세포에서의 단백질 합성을 증가시키고 지방 생성을 촉진한다.

한편 글루카곤은 인슐린과 상반된 작용을 하는데, 그 주된 작용은 간에 저장된 글리코겐을 포도당으로 분해하여 혈액에서의 포도당 농도를 증가시키는 것이다. 또한 아미노산과 지방산을 저장 부위에서 혈액 속으로 분리시키는 역할을 한다.

인슐린과 글루카곤의 분비는 혈당량에 의해 조절되는데 식사 후에는 혈액 속에 포함되어 있는 포도당의 양, 즉 혈당량이 증가하기 때문에 β 세포가 자극을 받아서 인슐린 분비량이 늘어난다. 인슐린은 혈액 중의 포도당을 흡수하여 세포로 이동시키며 이에 따라 혈당량이 감소되고 따라서 인슐린 분비량이 감소된다. 반면 사람이 한참 동안 음식을 먹지 않거나 운동 등으로 혈당량이 70mg/dl 이하로 떨어지면 랑게르한스섬의 α 세포가 글루카곤 분비량을 늘린다. 글루카곤은 간에 저장된 글리코겐을 분해하여 포도당을 만들어 혈액으로 보내게 된다. 이에 따라 혈당량은 다시 높아지게 되는 것이다. 일반적으로 8시간 이상 공복 후 혈당량이 99mg/dl 이하인 경우 정상으로, 126mg/dl 이상인 경우는 당뇨로 판정한다.

포도당은 뇌의 에너지원으로 사용되는데, 인슐린과 글루카곤이 서로 반대되는 작용을 통해 이 포도당의 농도를 정상 범위로 유지시키는 데 크게 기여한다.

〈보기〉

인슐린에 대해서는 어느 정도 이해를 했습니까? 오늘은 '인슐린 저항성'에 대해 알아보도록 하겠습니다. 인슐린의 기능이 떨어져 세포가 인슐린에 효과적으로 반응하지 못하는 것을 인슐린 저항성이라고 합니다. 그럼 인슐린 저항성이 생기면 우리 몸속에서는 어떤 일이 일어나게 될지 설명해 보시겠습니까?

① 혈액 중의 포도당 농도가 높아지게 됩니다.
② 이자가 인슐린과 글루카곤을 과다 분비하게 됩니다.
③ 간에서 포도당을 글리코겐으로 빠르게 저장하게 됩니다.
④ 아미노산과 지방산을 저장 부위에서 분리시키게 됩니다.
⑤ 혈액의 포도당 농도가 낮아져 인슐린을 분비하게 됩니다.

16 다음 중 '여요론트' 부족에 대해 이해한 내용으로 적절한 것은?

> 19세기 일부 인류학자들은 결혼이나 가족 등 문화의 일부에 주목하여 문화 현상을 이해하고자 하였다. 그들은 모든 문화가 '야만→미개→문명'이라는 단계적 순서로 발전한다고 설명하였다. 그러나 이 입장은 20세기에 들어서면서 어떤 문화도 부분만으로는 총체를 파악할 수 없다는 비판을 받았다. 문화를 이루는 인간 생활의 거의 모든 측면은 서로 관련을 맺고 있기 때문이다. 20세기 인류학자들은 이러한 사실에 주목하여 문화 현상을 바라보았다. 어떤 민족이나 인간 집단을 연구할 때에는 그들의 역사와 지리, 자연환경은 물론, 사람들의 체질적 특성과 가족제도, 경제체제, 인간 심성 등 모든 측면을 서로 관련지어서 고찰해야 한다는 것이다. 이를 총체적 관점이라고 한다.
>
> 오스트레일리아의 여요론트 부족의 이야기는 총체적 관점에서 인간과 문화를 이해해야 하는 이유를 잘 보여준다. 20세기 초까지 수렵과 채집 생활을 하던 여요론트 부족사회에서 돌도끼는 성인 남성만이 소유할 수 있는 가장 중요한 도구였다. 돌도끼의 제작과 소유는 남녀의 역할 구분, 사회의 위계질서 유지, 부족 경제의 활성화에 큰 영향을 미쳤다.
>
> 그런데 백인 신부들이 여성과 아이에게 선교를 위해 선물한 쇠도끼는 성(性) 역할, 연령에 따른 위계와 권위, 부족 간의 교역에 혼란을 초래하였다. 이로 인해 여요론트 부족사회는 엄청난 문화 해체를 겪게 되었다.
>
> 쇠도끼로 인한 여요론트 부족사회의 문화 해체 현상은 인간 생활의 모든 측면이 서로 밀접한 관계가 있음을 잘 보여준다. 만약 문화의 발전이 단계적으로 이루어진다는 관점에서 본다면 쇠도끼의 유입은 미개사회에 도입된 문명사회의 도구이며, 문화 해체는 사회 발전을 위해 필요한 과도기로 이해할 것이다. 하지만 이러한 관점으로는 쇠도끼의 유입이 여요론트 부족에게 가지는 의미와 그들이 겪은 문화 해체를 제대로 이해하고 그에 대한 올바른 해결책을 제시하기가 매우 어렵다.
>
> 총체적 관점은 인간 사회의 다양한 문화 현상을 이해하는 데 매우 중요한 공헌을 했다. 여요론트 부족사회의 이야기에서 알 수 있듯이, 총체적 관점은 사회나 문화에 대해 객관적이고 깊이 있는 통찰을 가능하게 한다. 이러한 관점을 가지고 인간이 처한 여러 가지 문제를 바라볼 때, 우리는 보다 바람직한 해결 방향을 모색할 수 있을 것이다.

① 문명사회로 나아가기 위해 쇠도끼를 수용하였다.
② 돌도끼는 성인 남자의 권위를 상징하는 도구였다.
③ 쇠도끼의 유입은 타 부족과의 교역을 활성화시켰다.
④ 자기 문화를 지키기 위해 외부와의 교류를 거부하였다.
⑤ 총체적관심은 사회에 대해 주관적인 통찰을 가능하게 했다.

17 다음 밑줄 친 말 중, ⊙과 가장 유사한 의미로 쓰인 것은?

> 과학이 주장하는 모든 지식은 장차 언제나 기각될 수 있는 운명을 가진 불완전한 지식에 불과하다는 것을 말해 준다. 천동설은 지동설로, 케플러는 뉴턴으로, 뉴턴은 아인슈타인으로, 상대성 이론은 장차 또 다른 대체 이론으로 계속 변해 갈 운명을 ⊙<u>안고</u> 있는 것이다. 과학의 명제들은 적어도 경험적 관찰에 의해 반증될 가능성을 갖고 있다.

① 꽃다발을 <u>안고</u> 멀리서 걸어오는 그녀가 보였다.
② 그 말이 너무 우스워서 우리는 모두 배를 <u>안고</u> 웃었다.
③ 큰 충격을 받고 뛰쳐나간 나는 바람을 <u>안고</u> 하염없이 걸었다.
④ 사장님의 기대가 너무 커서 신입사원들은 부담을 <u>안고</u> 일을 시작했다.
⑤ 민준이는 서현이를 <u>안고</u>, 그 자리에 서 있었다.

18 다음 글과 어울리는 사자성어로 적절한 것은?

> 어지러운 시기, 20대 중반 한 청년은 사법고시에 도전했다. 젊은이의 도전은 1차 시험 합격의 기쁨도 잠시, 안타깝게도 이 시기에 그는 동생을 잃었고, 아버지는 마음의 상처로 몸을 제대로 가누지 못했다. 그는 그대로 고시와 출세라는 상념에 빠져 잠을 이루지 못했다.
> 반복된 3번의 낙방으로 청년의 자신감은 바닥을 치고 있었고 건강에도 이상이 와 시골로 내려오게 되었다. 아버지는 눈과 귀가 어두워 몸이 불편했지만 한마디 불평 없이 뒷바라지하며 아들의 성공을 의심치 않았다.
> 그렇게 젊음의 패기로 도전했던 4번째 시험에 마침내 합격했다. 마을은 일주일 내도록 잔치를 벌였다. 살면서 그 순간만큼 행복을 느낀 적은 없었던 것 같다.

① 유비무환 　　　　　　② 토사구팽
③ 맥수지탄 　　　　　　④ 와신상담
⑤ 경국지색

19 다음 중 ㉠에 들어갈 단어로 적절한 것은?

> 수원 화성(華城)은 조선의 22대 임금 정조가 강력한 왕도 정치를 실현하고 수도 남쪽의 국방 요새로 활용하기 위하여 축성한 것이었다. 규장각 문신 정약용은 동서양의 기술서를 참고하여 성화주략(1793년)을 만들었고, 이것은 화성 축성의 지침서가 되었다. 화성은 재상을 지낸 영중추부사 채제공의 ㉠＿＿＿하에 조심태의 지휘로 1794년 1월에 착공에 들어가 1796년 9월에 완공되었다. 축성과정에서 거중기, 녹로 등 새로운 장비를 특수하게 고안하여 장대한 석재 등을 옮기며 쌓는 데 이용하였다. 축성 후 1801년에 발간된 화성성역의궤에는 축성계획, 제도, 법식 뿐 아니라 동원된 인력의 인적사항, 재료의 출처 및 용도, 예산 및 임금계산, 시공기계, 재료 가공법, 공사일지 등이 상세히 기록되어 있어 건축 기록으로서 역사적 가치가 큰 것으로 평가되고 있다.
>
> 화성은 서쪽으로는 팔달산을 끼고 동쪽으로는 낮은 구릉의 평지를 따라 쌓은 평산성인데, 종래의 중화문명권에서는 찾아볼 수 없는 형태였다. 성벽은 서쪽의 팔달산 정상에서 길게 이어져 내려와 산세를 살려가며 쌓았는데 크게 타원을 그리면서 도시 중심부를 감싸는 형태를 띠고 있다. 화성의 둘레는 5,744m, 면적은 130ha로 동쪽 지형은 평지를 이루고 서쪽은 팔달산에 걸쳐 있다. 화성의 성곽은 문루 4개, 수문 2개, 공심돈 3개, 장대 2개, 노대 2개, 포(鋪)루 5개, 포(砲)루 5개, 각루 4개, 암문 5개, 봉돈 1개, 적대 4개, 치성 9개, 은구 2개의 시설물로 이루어져 있었으나, 이 중 수해와 전쟁으로 7개 시설물(수문 1개, 공심돈 1개, 암문 1개, 적대 2개, 은구 2개)이 소멸되었다. 화성은 축성 당시의 성곽이 거의 원형대로 보존되어 있다. 북수문을 통해 흐르던 수원천이 현재에도 그대로 흐르고 있고, 팔달문과 장안문, 화성행궁과 창룡문을 잇는 가로망이 현재에도 성안 도시의 주요 골격을 유지하고 있다. 창룡문·장안문·화서문·팔달문 등 4대문을 비롯한 각종 방어시설들을 돌과 벽돌을 섞어서 쌓은 점은 화성만의 특징이라 하겠다.

① 총괄(總括)
② 활주(滑走)
③ 판서(板書)
④ 감한(憾恨)
⑤ 도둔(逃遁)

20 다음 내용을 순서에 맞게 배열한 것으로 적절한 것은?

(가) 종교력인 '촐킨'은 신성한 순환이라고도 불리는데 주로 종교적이고 예언적인 기능을 담당하였다. 촐킨의 날짜는 1에서 13까지의 숫자와 신의 이름을 나타내는 그림문자 20개를 조합하여 만들었으며, 각각의 날은 다른 명칭을 가지고 있다. 예를 들면 '1이믹스' 다음 날은 '2이크'였다. 20개의 신의 이름의 순서는 이믹스－이크－아크발－칸－치칸－키미－마니크－라마트－물루크－오크－추웬－에브－벤－익스－멘－킵－카반－에츠납－카와크－아하우 이다. 1～13까지의 숫자는 목, 어깨 등 인간의 중요 신체부위 13군데를 의미하였는데, 특히 13이란 숫자는 신체에너지와 우주에너지가 통하는 교점을 상징하였다.

(나) 마야인은 시간의 최소단위를 하루라고 보았고, 시간이 형상화된 것이 신이라고 생각했다. 이 신이 활동하기 위해서는 신에게 제례의식을 올려야 했다. 마야의 왕들은 제례의식을 자신과 신을 연결하는 기회라고 보고, 제례의식을 독점적으로 진행하였다.

(다) 마야에서는 통치자의 위엄과 달력의 권위가 운명적으로 결합해 있다고 보아 달력에 조그만 실수도 용납하지 않았으며, 만일 달력에 실수가 있으면 백성들이 왕위계승을 인정하지 않을 정도였다. 따라서 달력을 제작했던 역법학자나 천문관들은 선발된 특수계층으로서 자의식이 강했다. 이들은 태양계의 운행에 대한 정확한 관측자료 및 수학과 천문학에 의존하여 두 종류의 달력을 만들었다.

(라) 촐킨과 하아브의 주기를 조합하는 계산방식을 역법순환이라고 한다. 역법순환이 새롭게 시작하는 해가 되면 대대적인 축하행사가 열렸다. 역법순환 방식으로 날짜를 표기한다면, '4아하우 8쿰쿠'식이 된다. 이들은 이러한 역법순환을 이용하여 만든 긴 주기의 달력을 통해 우주의 창조와 소멸을 이야기하였다.

(마) '하아브'는 지구의 공전을 근거로 만든 달력이다. 하아브는 20일씩 날짜가 꽉 채워진 18개의 달인 위날과 5일로 이루어진 짧은 달인 와옙으로 이루어져 있다. 위날의 이름 순서는 포프－우오－시프－소츠－세크－슐－약스킨－몰－캔－약스－사크－케흐－마크－칸킨－무완－팍스－카얍－쿰쿠 이다. 위날의 매 달은 '1'일로 시작하지만, 마지막 날은 그 다음 달 이름에 '0'을 붙인다. 한해의 마지막 달인 와옙은 아주 불운한 달이라고 생각해서 단식을 하고 많은 제물을 바쳤다. 그리고 하아브 첫 날을 기다리며 되도록 집을 나가지 않는 등 행동을 삼갔다. 하아브 첫 날에는 성대한 축제가 열렸다.

① (가)(나)(마)(라)(다)
② (가)(마)(라)(나)(다)
③ (나)(다)(가)(마)(라)
④ (나)(마)(라)(다)(가)
⑤ (다)(가)(마)(라)(나)

21 다음 중 밑줄 친 단어와 같은 의미로 사용된 문장은?

> 종묘(宗廟)는 조선시대 역대 왕과 왕비, 그리고 추존(追尊)된 왕과 왕비의 신주(神主)를 봉안
> 하고 제사를 <u>지내는</u> 왕실의 사당이다. 신주는 사람이 죽은 후 하늘로 돌아간 신혼(神魂)이 의지
> 하는 것으로, 왕과 왕비의 사후에도 그 신혼이 의지할 수 있도록 신주를 제작하여 종묘에 봉안
> 했다. 조선 왕실의 신주는 우주(虞主)와 연주(練主) 두 종류가 있는데, 이 두 신주는 모양은 같
> 지만 쓰는 방식이 달랐다. 먼저 우주는 묘호(廟號), 상시(上諡), 대왕(大王)의 순서로 붙여서 썼
> 다. 여기에서 묘호와 상시는 임금이 승하한 후에 신위(神位)를 종묘에 봉안할 때 올리는 것으
> 로서, 묘호는 '태종', '세종', '문종' 등과 같은 추존 칭호이고 상시는 8글자의 시호로 조선의 신
> 하들이 정해 올렸다.
> 　한편 연주는 유명증시(有明贈諡), 사시(賜諡), 묘호, 상시, 대왕의 순서로 붙여서 썼다. 사시란
> 중국이 조선의 승하한 국왕에게 내려준 시호였고, 유명증시는 '명나라 왕실이 시호를 내린다'는 의
> 미로 사시 앞에 붙여 썼던 것이었다. 하지만 중국 왕조가 명나라에서 청나라로 바뀐 이후에는 연주
> 의 표기 방식이 바뀌었는데, 종래의 표기 순서 중에서 유명증시와 사시를 빼고 표기하게 되었다.
> 유명증시를 뺀 것은 더 이상 시호를 내려줄 명나라가 존재하지 않았기 때문이었고, 사시를 뺀 것은
> 청나라가 시호를 보냈음에도 불구하고 조선이 청나라를 오랑캐의 나라로 치부하여 그것을 신주에
> 반영하지 않았기 때문이었다.

① 그는 산속에서 <u>지내면서</u> 혼자 공부를 하고 있다.

② 둘은 전에 없이 친하게 <u>지내고</u> 있었다.

③ 그는 이전에 시장을 <u>지내고</u> 지금은 시골에서 글을 쓰며 살고 있다.

④ 비가 하도 오지 않아 기우제를 <u>지내기로</u> 했다.

⑤ 아이들은 휴양지에서 여름 방학을 <u>지내기를</u> 소원하였다.

■ 22~23 ■ (가)는 카드 뉴스, (나)는 신문 기사이다. 물음에 답하시오.

(가)

─ [카드뉴스] ─

노약자석?
NO
교통약자석!

▶

버스나 지하철 '노약자석'의
정식 명칭은 '교통약자석'입니다.

▼

교통약자석의 설치 근거는
'교통약자의 이동편의 증진법'
입니다.

◀

여기서 '교통약자'란 고령자 뿐만
아니라 장애인, 임산부, 영유아
동반자 등을 말합니다.

▼

그러나 이에 대한
인식부족으로 교통약자석이
제 기능을 못하고 있습니다.

▶

교통약자에 대한 배려와 평등권
보장이라는 의의를 지닌 교통약자석에
대해 올바른 인식이 필요한 때입니다.

(나)
> ### – 교통약자석, 본래의 기능 다하고 있나? –
> ### 좌석에 대한 올바른 인식 필요
>
> 　요즘 대중교통 교통약자석이 논란이 되고 있다. 실제로 서울 지하철 교통약자석 관련 민원이 2014년 117건에서 2016년 400건 이상으로 대폭 상승했다. 다음은 교통약자석과 관련된 인터뷰 내용이다.
>
> 　"저는 출근 전 아이를 시댁에 맡길 때 지하철을 이용해요. 가끔 교통약자석에 앉곤 하는데, 그 자리가 어르신들을 위한 자리 같아 마음이 불편해요. 자리다툼이 있었다는 뉴스를 본 후 앉는 것이 더 망설여져요." (회사원 김○○ 씨(여, 32세))
>
> 　'교통약자의 이동편의 증진법'에 따라 설치된 교통약자석은 장애인, 고령자, 임산부, 영유아를 동반한 사람, 어린이 등 일상생활에서 이동에 불편을 느끼는 사람이라면 누구나 이용할 수 있다. 그러나 위 인터뷰에서처럼 시민들이 교통약자석에 대해 제대로 알지 못해 교통약자석이 본래의 기능을 다하고 있지 못하는 실정이다. 교통약자석이 제 기능을 다하기 위해서는 이에 대한 시민들의 올바른 인식이 필요하다.
>
> 　　　　　　　　　　　　　　　　　　　　– 2017. 10. 24. ○○신문, □□□기자

22 (가)에 대한 이해로 적절하지 않은 것은?

① 의문을 드러내고 그에 답하는 방식을 통해 교통약자석에 대한 잘못된 통념을 환기하고 있다.

② 교통약자석과 관련된 법을 제시하여 글의 정확성과 신뢰성을 높이고 있다.

③ 용어에 대한 설명을 통해 '교통약자'의 의미를 이해하도록 돕고 있다.

④ 교통약자석에 대한 인식 부족으로 인해 발생하는 문제점들을 원인에 따라 분류하고 있다.

⑤ 교통약자석의 설치 의의를 언급함으로써 글의 주제에 대해 공감할 수 있도록 유도하고 있다.

23 (가)와 (나)를 비교한 내용으로 적절한 것은?

① (가)와 (나)는 모두 다양한 통계 정보를 활용하여 주제를 뒷받침하고 있다.

② (가)는 (나)와 달리 글과 함께 그림들을 비중 있게 제시하여 의미 전달을 용이하게 하고 있다.

③ (가)는 (나)와 달리 제목을 표제와 부제의 방식으로 제시하여 뉴스에 담긴 의미를 강조하고 있다.

④ (나)는 (가)와 달리 비유적이고 함축적인 표현들을 주로 사용하여 주제 전달의 효과를 높이고 있다.

⑤ (나)는 (가)와 달리 표정이나 몸짓 같은 비언어적 요소를 활용하여 내용을 실감 나게 전달하고 있다.

24 다음은 □□기관 A 사원이 작성한 '도농(都農)교류 활성화 방안'이라는 보고서의 개요이다. 본론 Ⅰ을 바탕으로 구성한 본론Ⅱ의 항목들로 적절하지 않은 것은?

A. 서론
 1. 도시와 농촌의 현재 상황과 미래 전망
 2. 생산적이고 쾌적한 농촌 만들기를 위한 도농교류의 필요성

B. 본론 Ⅰ : 현재 실시되고 있는 도농교류제도의 문제점
 1. 행정적 차원
   1) 소규모의 일회성 사업 난립
   2) 지속적이고 안정적인 예산 확보 미비
   3) □□기관 내 일원화된 추진체계 미흡
 2. 소통적 차원
   1) 도시민들의 농촌에 대한 부정적 인식
   2) 농민들의 시장상황에 대한 정보 부족

C. 본론Ⅱ : 도농교류 활성화를 위한 추진과제

D. 결론

---

① 지역별 브랜드화 전략을 통한 농촌 이미지 제고
② 도농교류사업 추진 건수에 따른 예산 배정
③ 1사1촌(1社1村) 운동과 같은 교류 프로그램 활성화
④ 도농교류 책임기관으로서 □□기관 산하에 도농교류센터 신설
⑤ 농촌 기초지자체와 대도시 자치구의 연계사업을 위한 장기적 지원금 확보

25 다음 글에 나타난 글쓴이의 생각으로 적절하지 않은 것은?

> 21세기는 각자의 개성이 존중되는 다원성의 시대이다. 역사 분야에서도 역사를 바라보는 관점에 따라 다양한 역사 서술들이 이루어지고 있다. 이렇게 역사 서술이 다양해질수록 역사 서술에 대한 가치 판단의 요구는 증대될 수밖에 없다. 그렇다면 이 시대의 역사 서술은 어떤 기준으로 평가되어야 할까?
>
> 역사 서술 방법 중에 가장 널리 알려진 것은 근대 역사가들이 표방한 객관적인 역사 서술 방법일 것이다. 이들에게 역사란 과거의 사실을 어떤 주관도 개입시키지 않은 채 객관적으로만 서술하는 것이다. 하지만 역사가는 특정한 국가와 계층에 속해 있고 이에 따라 특정한 이념과 가치관을 가지므로 객관적일 수 없다. 역사가의 주관적 관점은 사료를 선별하는 과정에서부터 이미 개입되기 시작하며 사건의 해석과 평가라는 역사 서술에 지속적으로 영향을 주게 된다. 따라서 역사 서술에 역사가의 주관은 개입될 수밖에 없으므로 완전히 객관적인 역사 서술은 불가능한 일이다.
>
> 이러한 역사 서술의 주관성 때문에 역사가 저마다의 관점에 따른 다양한 역사 서술이 존재하게 된다. 이에 따라 우리는 다양한 역사 서술 속에서 우리에게 가치 있는 역사 서술이 무엇인지를 판단할 필요가 있다. 역사학자 카(E. H. Carr)는 역사 서술에 대해 '역사는 과거와 현재의 대화이다.'라는 말을 남겼다. 이 말은 현재를 거울삼아 과거를 통찰하고 과거를 거울삼아 현재를 바라보며 더 나은 미래를 창출하는 것으로 해석할 수 있다. 이러한 견해에 의하면 역사 서술의 가치는 과거와 현재의 합리적인 소통 가능성에 따라 판단될 수 있다.
>
> 과거와 현재의 합리적 소통 가능성은 역사 서술의 사실성, 타당성, 진정성 등을 준거로 판단할 수 있다. 이 기준을 지키지 못한 역사 서술은 과거나 현재를 왜곡할 우려가 있으며, 결과적으로 미래를 올바르게 바라보지 못하게 만드는 원인이 될 수 있다. 이를테면 수많은 반증 사례가 있음에도 자신의 관점에 부합하는 사료만을 편파적으로 선택한 역사 서술은 '사실성'의 측면에서 신뢰받기 어렵다. 사료를 배열하고 이야기를 구성하는 과정이 지나치게 자의적이라면 '타당성'의 측면에서 비판받을 것이다. 또한 사료의 선택과 해석의 방향이 과거의 잘못을 미화하기 위한 것이라면 '진정성'의 측면에서도 가치를 인정받지 못하게 될 것이다.
>
> 요컨대 역사가의 주관이 다양하고 그에 따른 역사 서술도 다양할 수밖에 없다면 그 속에서 가치 있는 역사 서술을 가려낼 필요가 있다. '사실성, 타당성, 진정성'에 바탕을 둔 합리적 소통 가능성으로 역사 서술을 평가하는 것은 역사를 통해 미래를 위한 혜안을 얻는 한 가지 방법이 될 것이다.

① 역사 서술에서 완전한 객관성의 실현은 불가능하다.
② 역사 서술들이 다양해질수록 가치 판단 요구는 증대된다.
③ 역사가를 둘러싼 환경은 역사 서술 관점 형성에 영향을 준다.
④ 역사 서술의 사실성을 높이려면 자신의 관점에 어긋난 사료는 버려야 한다.
⑤ 역사 서술은 과거와 현재의 합리적 소통 가능성으로 가치를 평가할 수 있다.

26 다음은 상담원 A와 고객 B의 대화이다. 밑줄 친 ㉠~㉤ 중 어법이 틀린 것은?

> A : 안녕하세요. 코레일 고객 상담실 담당 직원입니다. ㉠고객님, 무엇을 도와드릴까요?
> B : 3시 30분에 ㉡용산에서 목포로 가는 KTX를 놓쳤습니다. 어떻게 환불받아야 하나요?
> A : 네. 고객님. 출발시각 이전에는 홈페이지나 모바일에서 환불 신청이 가능하고, 출발시각 이후에는 역에서 환불 신청 가능합니다.
>
> ― 중략 ―
>
> A : 고객님, ㉢확인해 보니 해당 차량이 출발 후 15분이 지났습니다. ㉣기차가 출발 후 20분 이전이시면 연체료가 결제금액의 10% 부과되십니다.
> B : ㉤고작 15분 지난 것 가지고 너무하신 거 아닙니까?
> A : 죄송합니다만 이 부분은 위약금에 관련된 규정입니다.

① ㉠   ② ㉡
③ ㉢   ④ ㉣
⑤ ㉤

27 다음 중 통일성을 해치는 문장은?

> ㉠A연구재단은 지난 2000년부터 인문사회연구역량의 세부사업으로 12개의 사업을 추진하고 있는데, 그 중 하나로 학제 간 융합연구사업을 추진하고 있다. ㉡학제 간 융합연구 사업은 연구와 교육을 연계한 융합연구의 전문 인력 양성을 주요 목적으로 하며, 인문사회분야와 이공계분야 간의 학제 간 융합연구를 지원 대상으로 하고 있다. ㉢이와 같은 학제 간 융합연구 지원 사업은 씨앗형 사업과 새싹형 사업으로 이원화되어 추진되고 있으나, 연구의 저변 확대를 위해 씨앗형 사업에 중점을 두고 있다. ㉣연구지원 신청 자격은 연구책임자를 포함한 6인 이상의 연구팀이나 사업단(센터)에 부여되며, ㉤그 연구팀이나 사업단에는 동일 연구 분야의 전공자 비율이 70%를 넘지 않아야 하는 동시에 2개 이상 연구 분야의 전공자가 참여하는 것이 기본요건이다.

① ㉠   ② ㉡
③ ㉢   ④ ㉣
⑤ ㉤

28 다음 글의 내용과 일치하는 것은?

> 클래식 음악에는 보통 'Op.'로 시작하는 작품번호가 붙는다. 이는 '작품'을 의미하는 라틴어 Opus의 약자에서 비롯되었다. 한편 몇몇 작곡가들의 작품에는 다른 약자로 시작하는 작품 번호가 붙기도 한다. 예를 들면 하이든의 작품에는 통상적으로 'Hob.'로 시작하는 작품번호가 붙는다. 이는 네덜란드의 안토니 판 호보켄이 1957년과 1971년 하이든의 음악을 정리하여 낸 두 권의 카탈로그에서 유래한 것이다.
>
> 'RV.'는 Ryom-Verzeichnis(리옹번호를 뜻하는 독일어)의 약자이다. 이는 1977년 프랑스의 피터 리옹이 비발디의 방대한 작품들을 번호순으로 정리하여 출판한 목록에서 비롯되었다. 비발디의 작품에 대해서는 그 전에도 마르크 핀케를(P.)이나 안토니오 파나(F.)에 의한 번호목록이 출판되었으나, 리옹의 작품번호가 가장 포괄적이며 많이 쓰인다.
>
> 바흐 역시 작품마다 고유의 작품번호가 붙어 있는데 이것은 바흐의 작품을 구분하여 정리한 볼프강 슈미더에 의한 것이다. 'BWV'는 Bach-Werke-Verzeichnis(바흐의 작품번호를 뜻하는 독일어)의 첫 글자를 따온 것으로, 정리한 순서대로 아라비아 숫자가 붙어서 바흐의 작품번호가 되었다. 'BWV'는 총 1,080개의 바흐의 작품에 붙어 있다.

① 'K.'은 모차르트 작품에 자주 사용된다.

② 'RV.'는 오스트리아의 모차르트 연구가 루드비히 폰 쾨헬의 이니셜을 딴 것이다.

③ 하이든의 작품에는 통상적으로 'Hob.'로 시작하는 작품번호가 붙는다.

④ 'BWV'는 종종 'Bach-Verzeichnis의 약자인 'BV.'로 표기되기도 한다.

⑤ 'D.'로 시작하는 작품번호는 슈베르트에 관한 권위자인 오토 에리히 도이치의 이름을 따서 붙여진 것이다.

29 다음 글을 읽은 독자의 반응으로 적절하지 않은 것은?

조선시대 사족(士族)은 그들의 위세를 과시하고 이익을 지켜나가기 위한 조직을 만들어 나가는 데에 관심을 기울였다. 그들은 스스로 유향소(留鄕所)를 만들어 중앙 정부가 군현에 파견한 수령을 견제하는 한편, 향리세력에 대한 우위를 확보하고 향촌민을 원활히 통제하고자 하였다. 이 때문에 조선 초기에 유향소의 사족이 과도하게 권익을 추구하다가 수령과 마찰을 빚는 경우가 많았다. 그 래서 태종이 유향소를 혁파하자 수령과 향리의 비리와 탐학이 늘어나는 부작용이 발생했다. 이에 중앙정부는 서울에 경재소(京在所)란 통제기구를 마련한 뒤 유향소를 부활시키고, 유향소의 폐단을 막고자 노력하였다. 그런데 이번에는 유향소의 사족과 수령이 결탁하여 백성들을 괴롭히자 세조는 이를 구실로 다시 유향소를 혁파하였다.

유향소는 사림파가 중앙정계에 진출하는 성종대에 다시 설치되었는데, 사족이 유향소를 통해 불효 등으로 향촌 질서를 깨트리는 자들을 규율하는 데 중점을 두었다. 이는 사림파가 유향소를 통해 성리학적 질서를 확고히 하여 백성들을 다스리고, 이를 바탕으로 당시 집권세력인 훈구파에 대항하려는 것이었다. 하지만 사림파의 의도가 관철된 곳은 사림파의 세력이 강한 영남 일부 지역뿐이었고, 그 밖의 대부분 지역은 훈구파에 의해 좌지우지되었다. 훈구파가 유향소의 임원에 대한 인사권을 가진 경재소를 대부분 장악했기 때문이었다. 이로써 향촌 자치는 중앙의 정치논리에 의해 쉽게 제약당할 수 있었다. 이렇게 되자 사림들은 그들이 세력기반으로 삼으려 했던 유향소를 혁파하자고 주장하였다. 그 대신 향약보급을 통해 향촌질서를 바로잡고자 하였 다. 임진왜란 이후에는 수령권이 강화되면서 유향소의 지위가 격하되고, 그에 따라 이를 통할 하던 경재소도 1603년 영구히 폐지되었다.

㉠ 유정 : 조선시대 정부는 유향소를 만들어 수령을 견제하는 한편, 향리세력에 대한 우위를 확보하고 향촌민을 원활히 통제하고자 했어.

㉡ 진희 : 사림파는 유향소를 통해 성리학적 질서를 확고히 하여, 대부분의 지역에서 훈구파에 대항할 수 있었지.

㉢ 영수 : 유향소의 사족과 수령이 결탁하여 백성들을 괴롭히자 세조는 이를 구실로 다시 유향소를 혁파했어.

㉣ 민준 : 임진왜란 이후에는 수령권이 강화되면서 유향소의 지위가 격하되었구나.

① ㉠㉡

② ㉡㉢

③ ㉢㉣

④ ㉡㉢㉣

⑤ ㉠㉡㉢㉣

30 다음은 K방송국 신입사원 甲이 모니터링 업무를 하던 중 문제가 될 수 있는 보도 자료들을 수집한 것이다. 다음 중 그 문제의 성격이 다른 하나는?

(가) 2004년 성매매특별법이 도입되었다. 한 지방경찰청의 범죄통계에 따르면 특별법 도입 직후 한 달 동안 성폭력 범죄 신고 및 강간사건의 수치가 지난 5년 동안의 월 평균보다 약간 높게 나타났다. 성범죄 수치는 계절과 주기별로 다르게 나타난다. K방송국 이 통계에 근거해 "성매매특별법 시행 이후 성범죄 급속히 늘어"라는 제목의 기사를 내었다.

(나) 1994~1996년 사이 항공 사고로 인한 사망자가 적은 해에는 10명 미만, 많은 해에는 200~300명 발생하였다. 같은 기간 산업재해로 인한 사망자는 매년 5,000명 이상, 상해자는 700만 명 가량 발생하였다. 이 시기 K방송국은 항공 사고에 대한 보도를 50편 가량 발표했다. 반면, 위험한 장비와 관련한 안전사고, 비위생적 노동조건으로 인한 질병 등 산업재해로 인한 사망사건에 대한 보도는 거의 없었다.

(다) 1996~1997년 사이 통계를 보면 미국 사회 전체에서 폭력사건으로 인한 사망자 수는 5,400명이었다. 이 가운데 학교에서 발생한 폭력사건으로 인한 사망자 수는 19명이었으며 10개 공립학교에서 발생했다. 이로부터 K방송국은 "시한폭탄 같은 10대들"이라는 제하에 헤드라인 기사로 청소년 폭력문제를 다루었고, 뉴스 프로그램을 통해 청소년들의 흉악한 행동이 미국 전역의 학교와 도시에서 만연하고 있다고 보도했다.

(라) 1990~1997년 사이 교통사고로 인한 사망자 25만 명 중 난폭 운전에 의해 사망한 사람은 218명이었다. 그리고 같은 시기 부상을 당한 2,000만 명의 자동차 운전자들 가운데 난폭 운전자에 의해 사고를 당했다고 추정되는 사람은 전체 부상자의 0.1% 미만이었다. 이에 대해 K방송국은 "교통사고의 주범 난폭운전"이란 제하에 난폭운전으로 인한 인명피해가 최근 전국적으로 넘쳐나고 있다고 보도했다.

(마) 1996년 한 연구기관에서 미국사회의 질병에 관한 통계 조사를 실시했다. 그 결과에 따르면 미국인 가운데 비만에 걸린 사람은 190만 명으로 미국인 전체 성인 중 약 1.5%를 차지했다. 이로부터 K방송국은 미국 성인의 대부분이 비만에 걸려 있으며 앞으로 비만이 미국사회의 가장 심각한 사회문제가 될 것이라는 내용의 기사를 실었다.

① (가)
② (나)
③ (다)
④ (라)
⑤ (마)

1 작년 한 해 업무평가 점수가 가장 높았던 A, B, C, D 네 명의 직원에게 성과급을 지급했다. 제시된 조건에 따라 성과급은 A 직원부터 D 직원까지 차례로 지급되었다고 할 때, 네 직원에게 지급된 성과급 총액은 얼마인지 고르시오.

- A 직원은 성과급 총액의 1/3보다 20만 원을 더 받았다.
- B 직원은 A 직원이 받고 남은 성과급의 1/2보다 10만 원을 더 받았다.
- C 직원은 B 직원이 받고 남은 성과급의 1/3보다 60만 원을 더 받았다.
- D 직원은 C 직원이 받고 남은 성과급의 1/2보다 70만 원을 더 받았다.

① 860만 원　　　　　　　　　　② 900만 원
③ 940만 원　　　　　　　　　　④ 960만 원
⑤ 1,020만 원

2 해외로 출장을 가는 김 대리는 다음과 같이 이동하려고 계획하고 있다. 연착 없이 계획대로 출장지에 도착했다면, 도착했을 때의 현지 시각은?

- 서울 시각으로 5일 오후 1시 35분에 출발하는 비행기를 타고 경유지 1곳을 들러 출장지에 도착한다.
- 경유지는 서울보다 1시간 빠르고 출장지는 경유지보다 2시간 느리다.
- 첫 번째 비행은 3시간 45분이 소요된다.
- 경유지에서 3시간 50분을 대기하고 출발한다.
- 두 번째 비행은 9시간 25분이 소요된다.

① 오전 5시 35분　　　　　　　② 오전 6시
③ 오후 5시 35분　　　　　　　④ 오후 6시
⑤ 오전 7시

3   ○○기업 영업부서 야유회에서는 4개의 팀으로 나누어서 철봉에 오래 매달리기 시합을 하였다. 각 팀 별 기록에 대한 정보가 다음과 같을 때 A팀 4번 선수와 B팀 2번 선수 기록의 평균은 얼마인가?

〈팀별 철봉 오래 매달리기 기록〉

(단위 : 초)

구분	1번 선수	2번 선수	3번 선수	4번 선수	5번 선수
A팀	32	46	42	( )	42
B팀	48	( )	36	53	55
C팀	51	30	46	45	53
D팀	36	50	40	52	42

• C팀의 평균은 A팀보다 3초 길다.
• D팀의 평균은 B팀보다 2초 짧다.

① 39초
② 40초
③ 41초
④ 42초
⑤ 43초

4 다음은 우리나라 1차 에너지 소비량 자료이다. 자료 분석 결과로 옳은 것은?

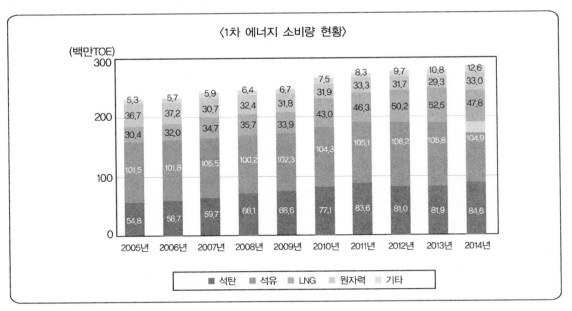

① 석유 소비량이 나머지 에너지 소비량의 합보다 많다.
② 석탄 소비량이 완만한 하락세를 보이고 있다.
③ 기타 에너지 소비량이 지속적으로 감소하는 추세이다.
④ 원자력 소비량은 증감을 거듭하고 있다.
⑤ 최근 LNG 소비량의 증가 추세는 그 정도가 심화되었다.

5 제시된 자료는 ○○병원 직원의 병원비 지원에 대한 내용이다. 다음 중 A~D 직원 4명의 총 병원비 지원 금액은 얼마인가?

병원비 지원 기준

- 임직원 본인의 수술비 및 입원비 : 100% 지원
- 임직원 가족의 수술비 및 입원비
- 임직원의 배우자 : 90% 지원
- 임직원의 직계 존 · 비속 : 80%
- 임직원의 형제 및 자매 : 50%(단, 직계 존 · 비속 지원이 우선되며, 해당 신청이 없을 경우에 한하여 지급한다.)
- 병원비 지원 신청은 본인 포함 최대 3인에 한한다.

병원비 신청 내역

A 직원	본인 수술비 300만 원, 배우자 입원비 50만 원
B 직원	배우자 입원비 50만 원, 딸 수술비 200만 원
C 직원	본인 수술비 300만 원, 아들 수술비 400만 원
D 직원	본인 입원비 100만 원, 어머니 수술비 100만 원, 남동생 입원비 50만 원

① 1,200만 원
② 1,250만 원
③ 1,300만 원
④ 1,350만 원
⑤ 1,400만 원

6 어떤 이동 통신 회사에서는 휴대폰의 사용 시간에 따라 매월 다음과 같은 요금 체계를 적용한다고 한다.

요금제	기본 요금	무료 통화	사용 시간(1분)당 요금
A	10,000원	0분	150원
B	20,200원	60분	120원
C	28,900원	120분	90원

예를 들어, B요금제를 사용하여 한 달 동안의 통화 시간이 80분인 경우 사용 요금은 다음과 같이 계산한다.

$$20{,}200 + 120 \times (80 - 60) = 22{,}600 \, 원$$

B요금제를 사용하는 사람이 A요금제와 C요금제를 사용할 때 보다 저렴한 요금을 내기 위한 한 달 동안의 통화 시간은 a분 초과 b분 미만이다. 이때, $b-a$의 값은? (단, 매월 총 사용 시간은 분 단위로 계산한다.)

① 70
② 80
③ 90
④ 100
⑤ 110

7 제시된 ○○기업의 재무자료를 바르게 해석하지 못한 사람은?

〈○○기업의 재무자료〉

(단위 : 억 원, %)

연도	자산	부채	자본	부채 비율
2007년	41,298	15,738	25,560	61.6
2008년	46,852	23,467	23,385	100.4
2009년	46,787	21,701	25,086	86.5
2010년	50,096	23,818	26,278	90.6
2011년	60,388	26,828	33,560	79.9
2012년	64,416	30,385	34,031	89.3
2013년	73,602	39,063	34,539	113.1
2014년	78,033	52,299	34,734	150.6
2015년	92,161	55,259	36,902	149.7
2016년	98,065	56,381	41,684	135.3

① A : 이 회사의 자본금은 2011년에 전년 대비 7,000억 원 이상 증가했는데, 이는 10년간 자본금 추이를 볼 때 두드러진 변화야.

② B : 부채 비율이 전년 대비 가장 크게 증가한 해는 2008년이네.

③ C : 10년간 평균 부채 비율은 90% 미만이야.

④ D : 2016년 기관의 자산, 자본이 10년 중 가장 많았지만 그만큼 부채도 가장 많았네.

⑤ E : 이 회사의 자산과 부채는 2009년부터 8년간 꾸준히 증가했어.

▎8~9▎ 다음은 2019년 세계 100대 은행에 포함된 국내 5개 은행의 평균 성과지표를 비교한 표이다. 물음에 답하시오.

	자산 (억 달러)	세전 이익 (억 달러)	ROA(%)	BIS비율(%)	자산 대비 대출 비중(%)
세계 10대 은행 평균	23,329	303	1.3	14.6	47.9
국내 5개 은행 평균	2,838	8.1	0.2	13.6	58.9

8 국내 5개 은행 평균 자산은 세계 10대 은행 평균 자산의 약 몇 %에 해당하는가? (단, 소수점 둘째자리에서 반올림한다)

① 약 12.2%   ② 약 12.4%

③ 약 12.6%   ④ 약 12.8%

⑤ 약 13.0%

9 국내 5개 은행 평균 자산 대비 대출 비중은 세계 10대 은행 평균 자산 대비 대출 비중의 약 몇 배에 해당하는가?

① 약 1.2배   ② 약 1.8배

③ 약 2.4배   ④ 약 2.9배

⑤ 약 3.6배

10 다음은 국내 은행의 당기순이익 및 당기순이익 점유비 추이를 나타낸 표이다. 2015년 C사의 점유비가 재작년보다 7.2%p 감소하였다면 2015년 A사와 B사의 당기순이익 점유비 합은?

(단위 : 억 원, %)

구분	2013년	2014년	2015년
A사	2,106(4.1)	1,624(4.7)	1,100(㉠)
B사	12,996(25.8)	8,775(25.6)	5,512(21.3)
C사	13,429(26.6)	3,943(11.5)	5,024(㉡)
D사	16,496(32.7)	13,414(39.1)	8,507(32.9)
E사	5,434(10.8)	6,552(19.1)	5,701(22.1)
총계	50461(100)	34308(100)	25844(100)

① 22.8%   ② 24.3%

③ 25.6%   ④ 27.1%

⑤ 29.7%

11 다음은 신입사원 300명을 대상으로 어떤 스포츠에 관심이 있는지 조사한 표이다. 두 종목 이상의 스포츠에 관심이 있는 사원의 수는?

스포츠 종목	비율(%)	스포츠 종목	비율(%)
야구	30	축구와 농구	7
농구	20	야구와 축구	9
축구	25	농구와 야구	9

① 25명   ② 50명

③ 75명   ④ 100명

⑤ 125명

12 서울시 유료 도로에 대한 자료이다. 산업용 도로 3km의 건설비는 얼마가 되는가?

분류	도로수(개)	총길이(km)	건설비(억 원)
관광용 도로	5	30	30
산업용 도로	7	55	300
산업관광용 도로	9	198	400
합계	21	283	730

① 약 5.5억 원   ② 약 11억 원

③ 약 16.5억 원   ④ 약 22억 원

⑤ 약 25.5억 원

13 다음은 갑과 을의 시험 성적에 관한 자료이다. 이에 대한 설명으로 옳지 않은 것은?

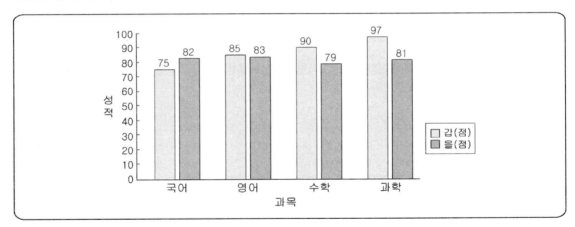

① 을이 갑보다 성적이 높은 과목은 국어이다.

② 갑의 평균 점수는 을의 평균 점수보다 낮다.

③ 을은 수학을 제외하고 모두 80점대를 기록했다.

④ 갑의 과목별 성적은 국어 점수가 가장 낮다.

⑤ 을의 시험 점수 중 가장 낮은 성적을 받은 과목은 수학이다.

14 다음은 우리나라의 2000년 경지 면적 상위 5개 시·군에 대한 자료이다. 이에 대한 설명으로 옳지 않은 것은?

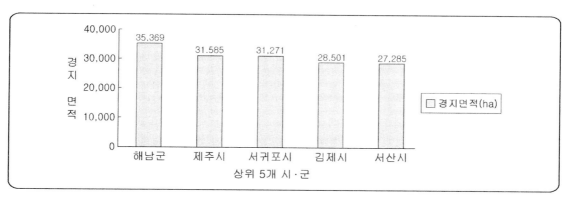

① 해남군의 경지 면적은 서산시 경지 면적의 1.2배 이상이다.

② 서귀포시의 경지 면적은 상위 3번째에 해당한다.

③ 김제시의 경지 면적은 제주시 경지 면적의 80% 미만이다.

④ 김제시와 서산시 경지 면적의 합은 해남군 경지 면적의 1.5배 이상이다.

⑤ 가장 적은 경지면적을 보유한 곳은 서산시이다.

15 다음은 연도별 택배 물량에 대한 자료이다. 이에 대한 설명으로 옳지 않은 것은?

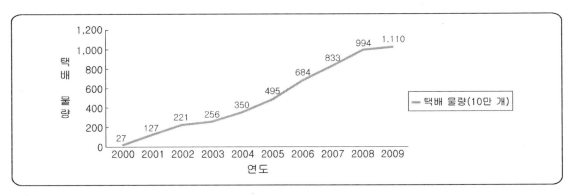

① 택배 물량은 매년 지속적으로 증가하고 있다.

② 2007년 대비 2008년의 택배 물량의 증가율은 15% 이상이다.

③ 2000년 대비 2009년의 택배 물량은 40배 이상 증가하였다.

④ 2009년에 택배 매출액이 가장 높다.

⑤ 2001년의 택배 물량은 전년도보다 증가하였다.

|16~17| 다음 자료는 2월 공항별 운항 및 수송현황에 관한 자료이다. 물음에 답하시오.

공항 \ 구분	운항편수(편)	여객수(천 명)	화물량(톤)
인천	20,818	3,076	249,076
김포	11,924	1,836	21,512
김해	6,406	(㉠)	10,279
제주	11,204	1,820	21,137
청주	(㉡)	108	1,582
광주	944	129	1,290
대구	771	121	1,413
전체	52,822	7,924	306,289

16 위의 자료에 대한 설명으로 옳지 않은 것은?

① 김포공항의 여객수와 제주항공의 여객수의 합은 인천공항의 여객수보다 많다.
② 김포공항의 화물량은 김해공항의 화물량의 2배 이상이다.
③ 인천공항의 화물량은 전체 화물량의 80% 이상을 차지한다.
④ ㉡에 들어갈 수는 655이다.
⑤ 전체 공항 중에 화물량이 가장 적은 곳은 광주공항이다.

17 위의 자료에서 ㉠에 알맞은 수는?

① 830
② 834
③ 838
④ 842
⑤ 858

18 다음은 2017년도 에어컨 매출액 상위 10개 업체와 매출액 증가에 관한 자료이다. 이를 참고하여 2018년도 에어컨 매출액 중 세 번째로 높은 업체는?

〈2017년도 에어컨 매출액 상위 10개 업체〉

(단위 : 십억 원)

업체명	매출액
A	1,139
B	1,097
C	285
D	196
E	154
F	149
G	138
H	40
I	30
J	27

〈2018년도 전년 대비 에어컨 매출액 증가율〉

(단위 : %)

업체명	전년 대비 매출액 증가율
A	15
B	19
C	10
D	80
E	25
F	90
G	46
H	61
I	37
J	58

① B   ② D

③ F   ④ H

⑤ J

19 다음은 H국의 연도별 청소기 매출에 관한 자료이다. 다음의 조건에 따를 때, 2002년과 2010년의 청소기 매출액의 차이는?

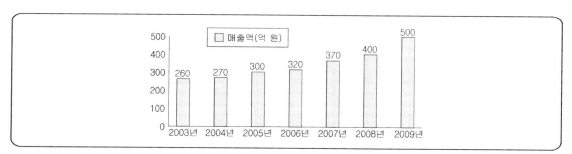

〈조건〉
㉠ 2006년 대비 2010년의 청소기 매출액 증가율은 62.5%
㉡ 2002년 대비 2004년의 청소기 매출액 감소율은 10%

① 190억 원
② 200억 원
③ 210억 원
④ 220억 원
⑤ 230억 원

20 그림과 같이 P도시에서 Q도시로 가는 길은 3가지이고, Q도시에서 R도시로 가는 길은 2가지이다. P도시를 출발하여 Q도시를 거쳐 R도시로 가는 방법은 모두 몇 가지인가?

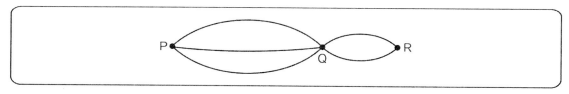

① 3가지
② 4가지
③ 5가지
④ 6가지
⑤ 7가지

21

다음은 연도별 ICT산업 생산규모 관한 자료이다. 다음 상황을 참고하여 ㈜에 들어갈 값으로 적절한 것은?

(단위 : 천억 원)

구분	연도	2005	2006	2007	2008
정보 통신 방송 서비스	통신서비스	37.4	38.7	40.4	42.7
	방송서비스	8.2	9.0	9.7	9.3
	융합서비스	3.5	㈎	4.9	6.0
	소계	49.1	㈏	55.0	58.0
정보 통신 방송 기기	통신기기	43.4	43.3	47.4	61.2
	정보기기	14.5	㈐	㈑	9.8
	음향기기	14.2	15.3	13.6	㈒
	소계	72.1	㈓	71.1	85.3
합계		121.2	㈔	126.1	143.3

〈상황〉
㉠ 2006년 융합서비스의 생산규모는 전년대비 1.2배가 증가하였다.
㉡ 2007년 정보기기의 생산규모는 전년대비 3천억 원이 감소하였다.

① 121.4 ② 122.8

③ 123.6 ④ 124.9

⑤ 125.2

22 다음은 두 회사의 주가에 관한 자료이다. 다음 중 B사 주가의 최댓값과 주가지수의 최솟값은?

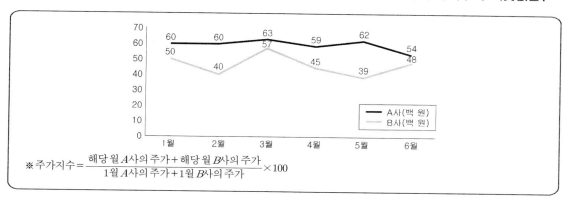

$$※ 주가지수 = \frac{\text{해당 월 }A\text{사의 주가} + \text{해당 월 }B\text{사의 주가}}{1\text{월 }A\text{사의 주가} + 1\text{월 }B\text{사의 주가}} \times 100$$

	B사 주가의 최댓값	주가지수의 최솟값
①	57	90.9
②	50	91.8
③	48	94.5
④	45	100.0
⑤	40	109.1

23 두 정육면체 A, B의 닮음비가 1 : 2일 때, 큰 정육면체 B의 부피는 작은 정육면체 A의 부피의 몇 배인가?

① 2배   ② 4배

③ 6배   ④ 8배

⑤ 10배

24 다음은 E국의 연도별 연령별 인구에 관한 자료이다. 다음 중 옳지 않은 것들로 묶인 것은?

연령＼연도	2000년	2005년	2010년
전체 인구	85,553,710	89,153,187	90,156,842
0～30세	36,539,914	35,232,370	33,257,192
0～10세	6,523,524	6,574,314	5,551,237
11～20세	11,879,849	10,604,212	10,197,537
21～30세	18,136,541	18,053,844	17,508,418

㉠ 11～20세 인구의 10년간 흐름은 전체 인구의 흐름과 일치한다.
㉡ 20세 이하의 인구는 2000, 2005, 2010년 중 2000년에 가장 많다.
㉢ 2010년의 21～30세의 인구가 전체 인구에서 차지하는 비율은 20% 이상이다.
㉣ 2000년 대비 2010년의 30세 이하 인구는 모두 감소하였다.

① ㉠㉡ ② ㉠㉢
③ ㉡㉢ ④ ㉡㉣
⑤ ㉢㉣

25 그림은 ∠B = 90°인 직각삼각형 ABC의 세 변을 각각 한 변으로 하는 정사각형을 그린 것이다. □ADEB의 넓이는 9이고 □BFGC의 넓이가 4일 때, □ACHI의 넓이는?

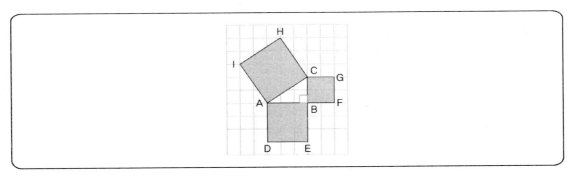

① 13 ② 14
③ 15 ④ 16
⑤ 17

26 다음은 서원이가 매일하는 운동에 관한 기록지이다. 1회당 정문에서 후문을 왕복하여 달리는 운동을 할 때, <u>정문에서 후문까지의 거리 ㉠</u>과 <u>후문에서 정문으로 돌아오는데 걸린 시간 ㉡</u>은? (단, 매회 달리는 속도는 일정하다고 가정한다.)

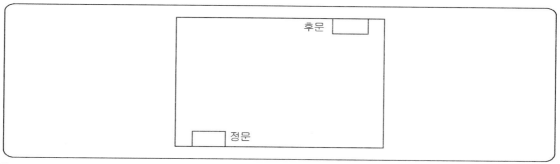

회차	속도		시간
1회	정문→후문	20m/초	5분
	후문→정문		
⋮			
5회			70분

※ 총 5회 반복, 마지막 바퀴는 10분을 쉬고 출발

	㉠	㉡
①	6,000m	7분
②	5,000m	8분
③	4,000m	9분
④	3,000m	10분
⑤	2,000m	11분

27 피자 1판의 가격이 치킨 1마리의 가격의 2배인 가게가 있다. 피자 3판과 치킨 2마리의 가격의 합이 80,000원일 때, 피자 1판의 가격은?

① 10,000원　　　　　　　　② 12,000원

③ 15,000원　　　　　　　　④ 18,000원

⑤ 20,000원

28 다음은 C지역의 알코올 질환 환자 동향에 관한 자료이다. 이를 참고하여 글로 정리할 때, 다음 빈칸에 들어갈 적절한 것을 구하면?

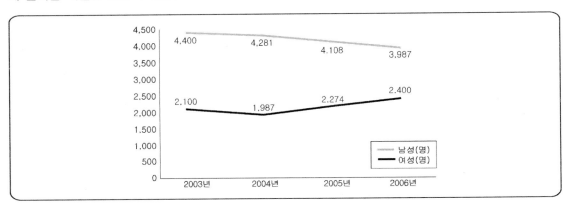

　　C지역의 음주 관련 범죄가 날로 심해지자 시 차원에서 알코올 질환 환자를 대상으로 프로그램을 실시했다. 프로그램 시행 첫 해인 2003년의 알코올 질환 환자는 남성이 여성보다 ㉠___ 명 더 많았다. 2004년의 알코올 질환 환자 수는 전년 대비 남성과 여성 모두 100명 이상 ㉡___하였다. 2005년의 알코올 질환 환자 수는 남성은 전년 대비 173명이 감소하였지만, 여성은 전년 대비 287명이 ㉢___하였다. 2003년부터 2006년까지 4년간 알코올 질환 환자 동향을 평가하면, 2003년 대비 2006년의 남성 알코올 질환 환자는 413명 감소하였지만, 여성 알코올 질환 환자는 ㉣___명 증가하였다. 따라서 이 프로그램은 남성에게는 매년 효과가 있었지만 여성에게는 두 번째 해를 제외하면 효과가 없었다고 볼 수 있다.

	㉠	㉡	㉢	㉣
①	2,200	감소	증가	200
②	2,300	감소	증가	300
③	2,400	감소	감소	400
④	2,500	증가	감소	500
⑤	2,600	증가	감소	600

29 다음은 문화산업부문 예산에 관한 자료이다. 다음 중 출판 분야의 예산 (가)와 예산의 총합 (라)를 구하면?

분야	예산(억 원)	비율(%)
출판	(가)	(다)
영상	40.85	19
게임	51.6	24
광고	(나)	31
저작권	23.65	11
총합	(라)	100

	출판 분야의 예산 (가)	예산의 총합 (라)
①	29.25	185
②	30.25	195
③	31.25	205
④	32.25	215
⑤	33.25	225

30 ☆☆주스에서는 그림과 같이 세 종류의 과일과 두 종류의 채소를 가지고, 두 종류의 과일과 한 종류의 채소를 섞어 주스를 만들어 판매하고 있다. ☆☆주스의 메뉴는 모두 몇 가지인가?

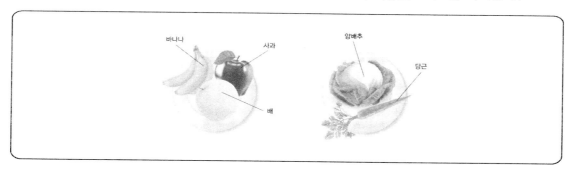

① 4가지 ② 5가지
③ 6가지 ④ 7가지
⑤ 8가지

1   Y 프랜차이즈 카페에서는 디저트로 빵, 케이크, 마카롱, 쿠키를 판매하고 있다. 최근 각 지점에서 디저트를 섭취하고 땅콩 알레르기가 발생했다는 민원이 제기되었다. 해당 디저트에는 모두 땅콩이 들어가지 않으며 땅콩을 사용한 제품과 인접 시설에서 제조하고 있다. 아래의 사례를 참고할 때, 다음 중 반드시 거짓인 경우는?

> 땅콩 알레르기 유발 원인이 된 디저트는 빵, 케이크, 마카롱, 쿠키 중 하나이다.
> 각 지점에서 땅콩 알레르기가 있는 손님이 섭취한 디저트와 알레르기 유무는 아래와 같다.
>
> | A 지점 | 빵과 케이크를 먹고 마카롱과 쿠키를 먹지 않은 경우, 알레르기가 발생했다. |
> | --- | --- |
> | B 지점 | 빵과 마카롱을 먹고 케이크와 쿠키를 먹지 않은 경우, 알레르기가 발생하지 않았다. |
> | C 지점 | 빵과 쿠키를 먹고 케이크와 마카롱을 먹지 않은 경우 알레르기가 발생했다. |
> | D 지점 | 케이크와 마카롱을 먹고 빵과 쿠키를 먹지 않은 경우 알레르기가 발생했다. |
> | E 지점 | 케이크와 쿠키를 먹고 빵과 마카롱을 먹지 않은 경우 알레르기가 발생하지 않았다. |
> | F 지점 | 마카롱과 쿠키를 먹고 빵과 케이크를 먹지 않은 경우 알레르기가 발생하지 않았다. |

① A, B, D 지점의 사례만을 고려하면, 케이크가 알레르기의 원인이다.
② A, C, E 지점의 사례만을 고려하면, 빵이 알레르기의 원인이다.
③ B, D, F 지점의 사례만을 고려하면, 케이크가 알레르기의 원인이다.
④ C, D, F 지점의 사례만을 고려하면, 마카롱이 알레르기의 원인이다.
⑤ D, E, F 지점의 사례만을 고려하면, 쿠키는 알레르기의 원인이 아니다.

2 ○○회사에서는 신입사원이 입사하면 서울 지역 내 5개 지점을 선정하여 순환근무를 하며 업무 환경과 분위기를 익히도록 하고 있다. 입사동기인 A, B, C, D, E의 순환근무 상황에 대해 알려진 사실이 다음과 같을 때, 반드시 참인 것은?

- 각 지점에는 한 번에 한 명의 신입사원만 근무할 수 있다.
- 5개의 지점은 강남, 구로, 마포, 잠실, 종로이며 모든 지점에 한 번씩 배치된다.
- 지금은 세 번째 순환근무 기간이고 현재 근무하는 지점은 다음과 같다.
  [A – 잠실, B – 종로, C – 강남, D – 구로, E – 마포]
- C와 B는 구로에서 근무한 적이 있다.
- D의 다음 근무지는 강남이고 종로에서 가장 마지막에 근무한다.
- E와 D는 잠실에서 근무한 적이 있다.
- 마포에서 아직 근무하지 않은 사람은 A와 B이다.
- B가 현재 근무하는 지점은 E의 첫 순환근무지이고 E가 현재 근무하는 지점은 A의 다음 순환 근무지이다.

① E는 아직 구로에서 근무하지 않았다.
② C는 마포에서 아직 근무하지 않았다.
③ 다음 순환근무 기간에 잠실에서 근무하는 사람은 C이다.
④ 지금까지 강남에서 근무한 사람은 A, E, B이다.
⑤ 강남에서 가장 먼저 근무한 사람은 D이다.

3 ○○기관 가, 나, 다, 라 직원 4명은 둥그런 탁자에 둘러앉아 인턴사원 교육 관련 회의를 진행하고 있다. 직원들은 각자 인턴 A, B, C, D를 한 명씩 맡아 교육하고 있다. 아래에 제시된 조건에 따라, 직원과 인턴이 알맞게 짝지어진 한 쌍은?

- B 인턴을 맡고 있는 직원은 다 직원의 왼편에 앉아 있다.
- A 인턴을 맡고 있는 직원 맞은편에는 B 인턴을 맡고 있는 직원이 앉아 있다.
- 라 직원은 다 직원 옆에 앉아 있지 않으나, A 인턴을 맡고 있는 직원 옆에 앉아 있다.
- 나 직원은 가 직원 맞은편에 앉아 있으며, 나 직원의 오른편에는 라 직원이 앉아 있다.
- 시계 6시 방향에는 다 직원이 앉아있으며, 맞은편에는 D 인턴을 맡고 있는 사원이 있다.

① 가 직원 – A 인턴
② 나 직원 – D 인턴
③ 라 직원 – A 인턴
④ 다 직원 – C 인턴
⑤ 라 직원 – B 인턴

4 다음은 개인정보보호법의 일부이다. 제시된 자료를 참고할 때, 상법상 공공기관에 속하지 않는 기업에서 근무하는 개인정보처리자의 행위로 적법하다고 보기 어려운 것을 고르시오.

제15조(개인정보의 수집이용)
제1항 개인정보처리자는 다음 각 호의 어느 하나에 해당하는 경우에는 개인정보를 수집할 수 있으며 그 수집 목적의 범위에서 이용할 수 있다.
제1호 정보주체의 동의를 받은 경우
제2호 법률에 특별한 규정이 있거나 법령상 의무를 준수하기 위하여 불가피한 경우
제3호 공공기관이 법령 등에서 정하는 소관 업무의 수행을 위하여 불가피한 경우
제4호 정보주체와의 계약의 체결 및 이행을 위하여 불가피하게 필요한 경우
제2항 개인정보처리자는 제1항 제1호에 따른 동의를 받을 때에는 다음 각 호의 사항을 정보주체에게 알려야 한다. 다음 각 호의 어느 하나의 사항을 변경하는 경우에도 이를 알리고 동의를 받아야 한다.
제1호 개인정보의 수집이용 목적
제2호 수집하려는 개인정보의 항목
제3호 개인정보의 보유 및 이용 기간
제4호 동의를 거부할 권리가 있다는 사실 및 동의 거부에 따른 불이익이 있는 경우에는 그 불이익의 내용

개인정보보호법 시행규칙
제2조(공공기관에 의한 개인정보의 목적 외 이용 또는 제3자 제공의 공고)
공공기관은 개인정보를 목적 외의 용도로 이용하거나 제3자에게 제공(이하 "목적외이용등"이라 한다)하는 경우에는 「개인정보 보호법」(이하 "법"이라 한다) 제18조 제4항에 따라 개인정보를 목적외이용등을 한 날부터 30일 이내에 다음 각 호의 사항을 관보 또는 인터넷 홈페이지에 게재하여야 한다. 이 경우 인터넷 홈페이지에 게재할 때에는 10일 이상 계속 게재하되, 게재를 시작하는 날은 목적외이용등을 한 날부터 30일 이내여야 한다.
제1호 목적외이용등을 한 날짜
제2호 목적외이용등의 법적 근거
제3호 목적외이용등의 목적
제4호 목적외이용등을 한 개인정보의 항목

① 정보주체의 동의를 받아 개인정보를 수집한다.
② 개인정보를 제3자에게 제공하면 동 사항을 인터넷에 반드시 게재한다.
③ 법률에 따라 개인정보를 수집하고 이용한다.
④ 개인정보의 이용 목적이 변경된 경우 정보주체에게 알린다.
⑤ 입찰공고에 따른 낙찰자와의 계약을 체결하기 위하여 개인정보를 수집한다.

5 제시된 자료만을 근거로 보기 중 진위판별(참 또는 거짓)이 옳은 것을 고르시오.

> '문화지체(cultural lag)'는 광의의 문화 요소들 사이에 변화의 속도가 달라 그 사이에 괴리가 생기는 현상을 말한다. 테크놀로지, 경제, 사회조직, 가치 등 네 가지 요소를 놓고 말하자면, 이들의 변동 속도가 각기 다르다는 것이다. 이들의 변동 속도가 빠른 순서대로 보자면, 테크놀로지, 경제, 사회조직, 가치 순이다. 이들 변동 속도의 차이가 낳기 마련인 상호 간 심한 부조화는 문화적 갈등과 사회적 혼란의 요인이 된다.
> 일부 국가의 경우엔 '문화지체'에 '역사지체'까지 가세했다. '압축적 경장'과 더불어 관습적 사회체제가 인위적으로 특정 부문을 억누르고 특정 부문을 키웠기 때문에 그렇게 하지 않았어도 발생했을 '문화지체가' 훨씬 더 증폭된 형태로 나타났다는 것이다.

① [참] 문화지체는 문화적 갈등과 사회적 혼란의 요인이 된다.
② [참] 경제의 변동 속도는 가치의 변동 속도보다 느리다.
③ [거짓] 테크놀로지의 변동 속도는 가치의 변동 속도보다 빠르다.
④ [거짓] 문화지체는 문화 요소들 간의 변화 속도 차이로 발생한다.
⑤ [거짓] 문화지체는 문화 요소들 간의 괴리로 인하여 생기는 현상이다.

6 화재조사반원인 K는 2018년 12월 25일 발생한 총 6건의 화재에 대하여 보고서를 작성하고 있다. 화재 발생 순서에 대한 타임라인이 다음과 같을 때, 세 번째로 발생한 화재는? (단, 동시에 발생한 화재는 없다)

> ㉠ 화재 C는 네 번째로 발생하였다.
> ㉡ 화재 A는 화재 E보다 먼저 발생하였다.
> ㉢ 화재 B는 화재 A보다 먼저 발생하였다.
> ㉣ 화재 E는 가장 나중에 발생하지 않았다.
> ㉤ 화재 F는 화재 B보다 나중에 발생하지 않았다.
> ㉥ 화재 C는 화재 E보다 나중에 발생하지 않았다.
> ㉦ 화재 C는 화재 D보다 먼저 발생하였으나, 화재 B보다는 나중에 발생하였다.

① A
② B
③ C
④ D
⑤ E

7 다음은 □□전자의 스마트폰 사용에 관한 조사 설계의 일부분이다. 본 설문조사의 목적으로 가장 적합하지 않은 것은?

---

1. 조사 목적

```
┌─────────────────────────────────────────────────────────┐
│                                                           │
└─────────────────────────────────────────────────────────┘
```

2. 과업 범위
① 조사 대상 : 서울과 수도권에 거주하고 있으며 최근 5년 이내에 스마트폰 변경 이력이 있고, 향후 1년 이내에 스마트폰 변경 의향이 있는 만 20~30세의 성인 남녀
② 조사 방법 : 구조화된 질문지를 이용한 온라인 조사
③ 표본 규모 : 총 1,000명

3. 조사 내용
① 시장 환경 파악 : 스마트폰 시장 동향 (사용기기 브랜드 및 가격, 기기사용 기간 등)
② 과거 스마트폰 변경 현황 파악 : 변경 횟수, 변경 사유 등
③ 향후 스마트폰 변경 잠재 수요 파악 : 변경 사유, 선호 브랜드, 변경 예산 등
④ 스마트폰 구매자를 위한 개선 사항 파악 : 스마트폰 구매자를 위한 요금할인, 사은품 제공 등 개선 사항 적용 시 스마트폰 변경 의향
⑤ 배경정보 파악 : 인구사회학적 특성 (연령, 성별, 거주 지역 등)

4. 결론 및 기대효과

---

① 스마트폰 구매자를 위한 요금할인 프로모션 시행의 근거 마련
② 평균 스마트폰 기기사용 기간 및 주요 변경 사유 파악
③ 광고 매체 선정에 참고할 자료 구축
④ 스마트폰 구매 시 사은품 제공 유무가 구입 결정에 미치는 영향 파악
⑤ 향후 출시할 스마트폰 가격 책정에 활용할 자료 구축

8 甲그룹은 A~G의 7개 지사를 가지고 있다. 아래에 제시된 조건에 따라, A에서 가장 멀리 떨어진 지사는? (단, 모든 지사는 동일 평면상에 있으며, 지사의 크기는 고려하지 않는다)

- E, F, G는 순서대로 정남북 방향으로 일직선상에 위치하며, B는 C로부터 정동쪽으로 250km 떨어져 있다.
- C는 A로부터 정남쪽으로 150km 떨어져 있다.
- D는 B의 정북쪽에 있으며, B와 D 간의 거리는 A와 C 간의 거리보다 짧다.
- E와 F 간의 거리는 C와 D 간의 직선거리와 같다.
- G는 D로부터 정동쪽으로 350km 거리에 위치해 있으며, A의 정동쪽에 위치한 지사는 F가 유일하다.

① B　　　　　　　　　　　　　② D
③ E　　　　　　　　　　　　　④ F
⑤ G

9 다음에 제시된 전제에 따라 결론을 바르게 추론한 것은?

- 비오는 날을 좋아하는 사람은 감성적이다.
- 녹차를 좋아하는 사람은 커피를 좋아하지 않는다.
- 감성적인 사람은 커피를 좋아한다.
- 그러므로 _____

① 커피를 좋아하는 사람은 비오는 날을 좋아한다.
② 비오는 날을 좋아하는 사람은 커피를 좋아한다.
③ 감성적인 사람은 비오는 날을 좋아한다.
④ 녹차를 좋아하는 사람은 이성적일 것이다.
⑤ 비를 좋아하는 사람은 감성적일 것이다.

10 인사부에서 근무하는 H씨는 다음 〈상황〉과 〈조건〉에 근거하여 부서 배정을 하려고 한다. 〈상황〉과 〈조건〉을 모두 만족하는 부서 배정은 어느 것인가?

〈상황〉

총무부, 영업부, 홍보부에는 각각 3명, 2명, 4명의 인원을 배정하여야 한다. 이번에 선발한 인원으로는 5급이 A, B, C가 있으며, 6급이 D, E, F가 있고 7급이 G, H, I가 있다.

〈조건〉

조건1 : 총무부에는 5급이 2명 배정되어야 한다.

조건2 : B와 C는 서로 다른 부서에 배정되어야 한다.

조건3 : 홍보부에는 7급이 2명 배정되어야 한다.

조건4 : A와 I는 같은 부서에 배정되어야 한다.

총무부	영업부	홍보부
① A, C, I	D, E	B, F, G, H
② A, B, E	D, G	C, F, H, I
③ A, B, I	C, D, G	E, F, H
④ B, C, H	D, E	A, F, G, I
⑤ B, D, F	A, C	E, G, H, I

다음은 공공기관을 구분하는 기준이다. 다음 규정에 따라 각 기관을 구분한 결과가 옳지 않은 것은?

〈공공기관의 구분〉

제00조 제1항
공공기관을 공기업·준정부기관과 기타공공기관으로 구분하여 지정한다. 직원 정원이 50인 이상인 공공기관은 공기업 또는 준정부기관으로, 그 외에는 기타공공기관으로 지정한다.

제00조 제2항
제1항의 규정에 따라 공기업과 준정부기관을 지정하는 경우 자체수입액이 총수입액의 2분의 1 이상인 기관은 공기업으로, 그 외에는 준정부기관으로 지정한다.

제00조 제3항
제1항 및 제2항의 규정에 따른 공기업을 다음의 구분에 따라 세분하여 지정한다.
- 시장형 공기업 : 자산규모가 2조 원 이상이고, 총 수입액 중 자체수입액이 100분의 85 이상인 공기업
- 준시장형 공기업 : 시장형 공기업이 아닌 공기업

〈공공기관의 현황〉

공공기관	직원 정원	자산규모	자체수입비율
A	70명	4조 원	90%
B	45명	2조 원	50%
C	65명	1조 원	55%
D	60명	1.5조 원	45%

※ 자체수입비율 : 총 수입액 대비 자체수입액 비율

---

① A - 시장형 공기업
② B - 기타공공기관
③ C - 준정부기관
④ D - 준정부기관
⑤ D - 준시장형 공기업

▐ 12~14 ▐ 입사면접의 면접관으로 뽑힌 6명(A, B, C, D, E, F)의 임원들이 세 명씩 두 개의 조로 나뉘어 면접에 참여하려 한다. 다음에 주어진 조건을 읽고 물음에 답하시오.

- A와 C는 같은 조에 속할 수 없다.
- B가 속한 조에는 A가 반드시 속해야 하고, F는 함께 할 수 없다.
- 모든 면접관들은 두 개의 조 중 한 조에만 들어갈 수 있다.

12 다음 중 같은 조에 들어갈 수 없는 면접관들을 고르면?

① A, D   ② B, C
③ C, E   ④ C, F
⑤ D, E

13 다음 중 같은 조에 들어갈 수 있는 면접관들이 아닌 것은?

① A, B, D   ② C, E, F
③ B, E, F   ④ C, D, F
⑤ A, B, E

14 A와 E가 같은 조에 속하는 경우 무조건 같은 팀이 되는 면접관들을 고르면?

① B, D   ② A, D
③ D, E   ④ C, D
⑤ B, F

15 다음의 내용을 토대로 발생할 수 있는 상황을 바르게 예측한 것은?

> 인기가수 A는 자신의 사생활을 폭로한 한 신문사 기자 B를 상대로 기사 정정 및 사과를 요구하였다. 그러나 B는 자신은 시민의 알 권리를 보장하기 위해 할 일을 한 것뿐이라며 기사를 정정할 수 없다고 주장하였다. A는 자신을 원고로, B를 피고로 하여 사생활 침해에 대한 위자료 1,000만 원을 구하는 소를 제기하였다. 민사 1심 법원은 기사 내용에 대한 진위 여부를 바탕으로 B의 주장이 옳다고 인정하여, A의 청구를 기각하는 판결을 선고하였다. 이에 대해 A는 항소를 제기하였다.
>
> • 소 또는 상소 제기 시 납부해야 할 송달료
> - 민사 제1심 소액사건(소가 2,000만 원 이하의 사건) : 당사자 수 × 송달료 10회분
> - 민사 제1심 소액사건 이외의 사건 : 당사자 수 × 송달료 15회분
> - 민사 항소사건 : 당사자 수 × 송달료 12회분
> - 민사 상고사건 : 당사자 수 × 송달료 8회분
> • 당사자 : 원고, 피고

① A가 제기한 소는 민사 제1심 소액사건 이외의 사건에 해당한다.

② 1회 송달료가 3,200원일 경우 A가 소를 제기하기 위해 내야 할 송달료는 48,000원이다.

③ A가 법원의 판결에 불복하고 항소를 제기하는데 드는 송달료는 원래의 소를 제기할 때 들어간 송달료보다 적다.

④ 1회 송달료가 2,500원일 경우 A가 납부한 송달료의 합계는 총 110,000원이다.

⑤ 민사 항소사건의 경우 송달료는 10회분을 납부해야 한다.

16 다음은 어느 은행의 대출 상품에 관한 정보이다. 보기 중에서 이 대출상품에 적합한 사람을 모두 고른 것은? (단, 보기 중 모든 사람이 캐피탈의 보증서가 발급된다고 가정한다)

소액대출 전용상품

- 특징 : 은행-캐피탈 간 협약상품으로 직업, 소득에 관계없이 쉽고 간편하게 최고 1,000만 원까지 이용 가능한 개인 소액대출 전용상품
- 대출대상 : 캐피탈의 보증서가 발급되는 개인
- 대출기간 : 4개월 이상 1년 이내(거치기간 없음). 다만, 원리금 상환을 위하여 자동이체일과 상환기일을 일치시키는 경우에 한하여 최장 13개월 이내에서 대출기간 지정 가능
- 대출한도 : 300만 원 이상 1,000만 원 이내
- 대출금리 : 신용등급에 따라 차등적용
- 상환방법 : 원금균등할부상환
- 중도상환 : 수수료 없음

〈보기〉

㉠ 정훈 : 회사를 운영하고 있으며, 갑작스럽게 1,000만 원이 필요하여 법인 앞으로 대출을 원하고 있다.

㉡ 수미 : 4학년 2학기 등록금 400만 원이 필요하며, 거치기간을 거쳐 입사한 후에 대출상환을 원하고 있다.

㉢ 은정 : 갑작스러운 남편의 수술로 500만 원이 필요하며 5개월 후 곗돈 500만 원을 타면 대출상환을 할 수 있다.

---

① ㉠

② ㉢

③ ㉠㉡

④ ㉡㉢

⑤ ㉠㉡㉢

17 지환이의 신장은 170cm, 체중은 80kg이다. 다음을 근거로 할 때, 지환이의 비만 정도를 바르게 나열한 것은?

> 과다한 영양소 섭취와 적은 체내 에너지 소비로 인한 에너지 대사의 불균형으로 지방이 체내에 지나치게 축적되어 체중이 과다해지는 것을 비만이라 한다.
>
> 비만 정도를 측정하는 방법은 Broca 보정식과 체질량지수를 이용하는 것이 대표적이다.
>
> Broca 보정식은 신장과 체중을 이용하여 비만 정도를 측정하는 간단한 방법이다. 이 방법에 의하면 신장(cm)에서 100을 뺀 수치에 0.9를 곱한 수치가 '표준체중(kg)'이며, 표준체중의 110% 이상 120% 미만의 체중을 '체중과잉', 120% 이상의 체중을 '비만'이라고 한다.
>
> 한편 체질량 지수는 체중(kg)을 '신장(m)'의 제곱으로 나눈 값을 의미한다. 체질량 지수에 따른 비만 정도는 다음 〈표〉와 같다.
>
> 〈표〉
>
> | 체질량 지수 | 비만 정도 |
> |---|---|
> | 18.5 미만 | 저체중 |
> | 18.5 이상 ~ 23.0 미만 | 정상 |
> | 23.0 이상 ~ 25.0 미만 | 과체중 |
> | 25.0 이상 ~ 30.0 미만 | 경도비만 |
> | 30.0 이상 ~ 35.0 미만 | 중등도비만 |
> | 35.0 이상 | 고도비만 |

① Broca 보정식으로는 체중과잉, 체질량 지수로는 과체중에 해당한다.
② Broca 보정식으로는 체중과잉, 체질량 지수로는 경도비만에 해당한다.
③ Broca 보정식으로는 비만, 체질량 지수로는 중등도비만에 해당한다.
④ Broca 보정식으로는 비만, 체질량 지수로는 경도비만에 해당한다.
⑤ Broca 보정식으로는 비만, 체질량 지수로는 정상에 해당한다.

18 다음은 특보의 종류 및 기준에 관한 자료이다. ㉠과 ㉡의 상황에 어울리는 특보를 올바르게 짝지은 것은?

〈특보의 종류 및 기준〉

종류	주의보	경보
강풍	육상에서 풍속 14m/s 이상 또는 순간풍속 20m/s 이상이 예상될 때. 다만, 산지는 풍속 17m/s 이상 또는 순간풍속 25m/s 이상이 예상될 때	육상에서 풍속 21m/s 이상 또는 순간풍속 26m/s 이상이 예상될 때. 다만, 산지는 풍속 24m/s 이상 또는 순간풍속 30m/s 이상이 예상될 때
호우	6시간 강우량이 70mm 이상 예상되거나 12시간 강우량이 110mm 이상 예상될 때	6시간 강우량이 110mm 이상 예상되거나 12시간 강우량이 180mm 이상 예상될 때
태풍	태풍으로 인하여 강풍, 풍랑, 호우 현상 등이 주의보 기준에 도달할 것으로 예상될 때	태풍으로 인하여 풍속이 17m/s 이상 또는 강우량이 100mm 이상 예상될 때. 다만, 예상되는 바람과 비의 정도에 따라 아래와 같이 세분한다.

	3급	2급	1급
바람(m/s)	17~24	25~32	33이상
비(mm)	100~249	250~399	400이상

종류	주의보	경보
폭염	6월~9월에 일최고기온이 33℃ 이상이고, 일최고열지수가 32℃ 이상인 상태가 2일 이상 지속될 것으로 예상될 때	6월~9월에 일최고기온이 35℃ 이상이고, 일최고열지수가 41℃ 이상인 상태가 2일 이상 지속될 것으로 예상될 때

㉠ 태풍이 남해안에 상륙하여 울산지역에 270mm의 비와 함께 풍속 26m/s의 바람이 예상된다.

㉡ 지리산에 오후 3시에서 오후 9시 사이에 약 130mm의 강우와 함께 순간풍속 28m/s가 예상된다.

	㉠	㉡
①	태풍경보 1급	호우주의보
②	태풍경보 2급	호우경보＋강풍주의보
③	태풍주의보	강풍주의보
④	태풍경보 2급	호우경보＋강풍경보
⑤	태풍경보 3급	호우주의보

19 P행사에 참석한 학생들은 여러 성씨로 구성되어있다. 다음의 조건대로 일렬로 앉을 때, 앞에서 다섯 번째에 앉는 사람의 성씨는?

- 일렬로 앉은 학생은 김씨가 2명, 송씨가 2명이고 박씨, 정씨, 이씨는 모두 1명이다.
- 정씨는 맨 앞 또는 맨 뒤에 앉는다.
- 김씨는 서로 이웃하게 앉는다.
- 박씨는 앞에서 세 번째에 앉는다.
- 송씨 사이에는 다른 성씨 1명이 있다.
- 송씨 사이에 있는 성씨는 박씨가 아니다.

① 김씨   ② 송씨
③ 이씨   ④ 박씨
⑤ 정씨

20 D사 사원인 우성, 연지, 아라, 석희, 중구, 재범이는 다음의 조건에 따라 원탁에서 회의를 하고 있다. 다음의 조건에 따를 때, 석희의 맞은편에 있는 사람과 연지의 맞은편에 있는 사람을 고르면?

- 아라의 오른쪽에는 석희가 있다.
- 중구는 재범이 옆에 있다.
- 우성이의 맞은편에는 아라가 있다.
- 석희의 맞은편에 있는 사람은 중구가 아니다.

	석희의 맞은편에 있는 사람	연지의 맞은편에 있는 사람
①	재범	중구
②	우성	재범
③	아라	우성
④	중구	석희
⑤	연지	아라

21 다음 명제를 보고 거짓인 것을 고르면?

- 선택할 수 있으면 노력할 수 있다.
- 생각을 하면 판단력이 생긴다.
- 교육자는 도덕적이다.
- 판단력이 생기면 선택할 수 있다.
- 도덕적이면 생각을 한다.
- 노력할 수 있으면 만족할 수 있다.

① 교육자는 선택할 수 있다.
② 판단력이 생기면 생각을 한다.
③ 생각을 하면 선택할 수 있다.
④ 도덕적이면 판단력이 생긴다.
⑤ 선택할 수 있으면 만족할 수 있다.

22 현경이네 가족은 주말을 맞아 집안 청소를 하기로 하였다. 현경이네 가족은 현경, 현수, 현우, 현아, 현성, 현진이다. 다음 조건에 따라 청소 당번을 정하기로 할 때, 청소 당번이 아닌 사람으로 짝지어진 것은?

〈조건〉
㉠ 현경이 당번이 되지 않는다면, 현아가 당번이 되어야 한다.
㉡ 현경이 당번이 된다면, 현우도 당번이 되어야 한다.
㉢ 현우와 현성이 당번이 되면, 현아는 당번이 되어서는 안 된다.
㉣ 현아나 현성이 당번이 된다면, 현진도 당번이 되어야 한다.
㉤ 현수가 당번이 되지 않는다면, 현우와 현성이 당번이 되어야 한다.
㉥ 현수는 당번이 되지 않는다.

① 현수, 현아
② 현경, 현수
③ 현우, 현아, 현진
④ 현수, 현우, 현진, 현성
⑤ 현경, 현우, 현아, 현성, 현진

▌23~24 ▌ 인사팀에 근무하는 S는 2017년도에 새롭게 변경된 사내 복지 제도에 따라 경조사 지원 내역을 정리하는 업무를 담당하고 있다. 다음을 바탕으로 물음에 답하시오.

☐ 2017년도 변경된 사내 복지 제도

종류	주요 내용
주택 지원	• 사택 지원(가~사 총 7동 175가구) 최소 1년 최장 3년 • 지원 대상 - 입사 3년 차 이하 1인 가구 사원 중 무주택자(가~다동 지원) - 입사 4년 차 이상 본인 포함 가구원이 3인 이상인 사원 중 무주택자(라~사동 지원)
경조사 지원	• 본인/가족 결혼, 회갑 등 각종 경조사 시 • 경조금, 화환 및 경조휴가 제공
학자금 지원	• 대학생 자녀의 학자금 지원
기타	• 상병 휴가, 휴직, 4대 보험 지원

☐ 2017년도 1/4분기 지원 내역

이름	부서	직위	내역	변경 전	변경 후	금액 (천원)
A	인사팀	부장	자녀 대학진학	지원 불가	지원 가능	2,000
B	총무팀	차장	장인상	변경 내역 없음		100
C	연구1팀	차장	병가	실비 지급	추가 금액 지원	50(실비 제외)
D	홍보팀	사원	사택 제공(가-102)	변경 내역 없음		–
E	연구2팀	대리	결혼	변경 내역 없음		100
F	영업1팀	차장	모친상	변경 내역 없음		100
G	인사팀	사원	사택 제공(바-305)	변경 내역 없음		–
H	보안팀	대리	부친 회갑	변경 내역 없음		100
I	기획팀	차장	결혼	변경 내역 없음		100
J	영업2팀	과장	생일	상품권	기프트 카드	50
K	전략팀	사원	생일	상품권	기프트 카드	50

23 당신은 S가 정리해 온 2017년도 1/4분기 지원 내역을 확인하였다. 다음 중 잘못 구분된 사원은?

지원 구분	이름
주택 지원	D, G
경조사 지원	B, E, H, I, J, K
학자금 지원	A
기타	F, C

① B

② D

③ F

④ H

⑤ K

24 S는 2017년도 1/4분기 지원 내역 중 변경 사례를 참고하여 새로운 사내 복지 제도를 정리해 추가로 공시하려 한다. 다음 중 S가 정리한 내용으로 옳지 않은 것은?

① 복지 제도 변경 전후 모두 생일에 현금을 지급하지 않습니다.

② 복지 제도 변경 후 대학생 자녀에 대한 학자금을 지원해드립니다.

③ 변경 전과 달리 미혼 사원의 경우 입주 가능한 사택동 제한이 없어집니다.

④ 변경 전과 같이 경조사 지원금은 직위와 관계없이 동일한 금액으로 지원됩니다.

⑤ 변경 전과 달리 병가 시 실비 외에 5만 원을 추가로 지원합니다.

25 다음은 1년간 판매율이 가장 높았던 제품 4종에 대한 소비자 평가 점수이다. 이 자료를 참고할 때, 제시된 네 명의 구매자에게 선택받지 못한 제품은?

〈제품에 대한 소비자 평가 점수〉

(단위 : 점)

평가기준＼제품명	B	D	K	M
원료	10	8	5	8
가격	4	9	10	7
인지도	8	7	9	10
디자인	5	10	9	7

〈구매 기준〉

㉠ 제인 : 나는 제품을 고를 때, 가격과 원료를 꼼꼼히 확인하겠어.

㉡ 데이먼 : 고민 없이 소비자 평가 총점이 높은 제품을 구매하겠어.

㉢ 밀러 : 내 기준에서 제품의 인지도와 디자인이 중요하다고 봐.

㉣ 휴즈 : 화장품은 원료, 가격, 인지도 모두가 중요한 요소라고 생각해.

① B

② D

③ K

④ M

⑤ 없음

26 토요일 오후 한 금은방에서 목걸이를 도난당했다. 용의자로 유력한 네 사람이 다음과 같은 진술을 했다고 할 때, 거짓말을 하고 있는 사람은? (단, 거짓말은 한 명만 하고 있다.)

- 조정 : 나는 범인이 아니다.
- 근석 : 명기는 범인이다.
- 명기 : 근석이는 범인이다.
- 용준 : 명기는 범인이다.

① 조정   ② 명기
③ 근석   ④ 용준
⑤ 없음

27 다음의 규정과 공공기관 현황에 근거할 때, 시장형 공기업에 해당하는 공공기관은?

■ **공공기관의 구분**

① 기획재정부장관은 공공기관을 공기업·준정부기관과 기타공공기관으로 구분하여 지정한다. 직원 정원이 50인 이상인 공공기관은 공기업 또는 준정부기관으로, 그 외에는 기타공공기관으로 지정한다.

② 기획재정부장관은 제1항의 규정에 따라 공기업과 준정부기관을 지정하는 경우 자체수입액이 총수입액의 2분의 1 이상인 기관은 공기업으로, 그 외에는 준정부기관으로 지정한다.

③ 기획재정부장관은 제1항 및 제2항의 규정에 따른 공기업을 다음 각 호의 구분에 따라 세분하여 지정한다.

  1. 시장형 공기업 : 자산규모가 2조 원 이상이고, 총 수입액 중 자체수입액이 100분의 85 이상인 공기업

  2. 준시장형 공기업 : 시장형 공기업이 아닌 공기업

■ **공공기관 현황**

공공기관	직원 정원	자산규모	자체수입비율
A	80명	3조 원	85%
B	40명	1.5조 원	60%
C	60명	1조 원	45%
D	55명	2.5조 원	40%
E	50명	9천억 원	50%

---

① A   ② B
③ C   ④ D
⑤ E

28 영호, 준희, 담비, 사연이는 모두 배드민턴, 골프, 낚시, 자전거 동호회 4개 중 2개에 가입하고 있다. 3명은 배드민턴 동호회에 가입하여 활동 중이고, 2명은 골프 동호회에서, 2명은 낚시 동호회에서 활동 중이다. 준희는 자전거 동호회에, 담비는 낚시 동호회에, 사연이는 배드민턴과 골프 동호회에 가입한 것을 알았을 때, 다음 중 항상 옳지 않은 것은?

① 영호와 준희가 배드민턴 동호회에 가입되어 있다면 담비는 배드민턴 동호회에 가입하지 않았다.

② 담비가 골프 동호회에 가입되어 있다면 배드민턴 동호회에 가입하지 않았다.

③ 준희가 낚시 동호회에 가입되어 있다면 영호도 낚시 동호회에 가입되어 있다.

④ 사연이는 낚시 동호회에 가입하지 않았다.

⑤ 영호는 자전거 동호회에 가입하지 않았다.

29 ○○기관의 김 대리는 甲, 乙, 丙, 丁, 戊 인턴 5명의 자리를 배치하고자 한다. 다음의 조건에 따를 때 옳지 않은 것은?

- 최상의 업무 효과를 내기 위해서는 성격이 서로 잘 맞는 사람은 바로 옆자리에 앉혀야 하고, 서로 잘 맞지 않는 사람은 바로 옆자리에 앉혀서는 안 된다.
- 丙과 乙의 성격은 서로 잘 맞지 않는다.
- 甲과 乙의 성격은 서로 잘 맞는다.
- 甲과 丙의 성격은 서로 잘 맞는다.
- 戊와 丙의 성격은 서로 잘 맞지 않는다.
- 丁의 성격과 서로 잘 맞지 않는 사람은 없다.
- 丁은 햇빛 알레르기가 있어 창문 옆(1번) 자리에는 앉을 수 없다.

■ 자리 배치도

창문	1	2	3	4	5

① 甲은 3번 자리에 앉을 수 있다.

② 乙은 5번 자리에 앉을 수 있다.

③ 丙은 2번 자리에 앉을 수 있다.

④ 丁은 3번 자리에 앉을 수 없다.

⑤ 戊는 2번 자리에 앉을 수 없다.

30 H호텔 관리팀에 근무하는 甲은 올해 하반기 새로 오픈하는 별관 스위트룸 중 방1에 가구를 배치하고자 한다. 방1은 가로 3,000mm, 세로 3,400mm의 크기의 직사각형으로, 다음의 조건의 조건에 따른다고 할 때, 가능한 가구 배치는?

- 방문을 여닫는데 1,000 mm의 간격이 필요함
- 서랍장의 서랍(●로 표시하며 가로면 전체에 위치)을 열려면 400mm의 간격이 필요(침대, 테이블, 화장대는 서랍 없음)하며 반드시 여닫을 수 있어야 함
- 붙박이 장롱 문을 열려면 앞면 전체에 550mm의 간격이 필요하며 반드시 여닫을 수 있어야 함
- 가구들은 쌓을 수 없음
- 각각의 가구는 방에 넣을 수 있는 것으로 가정함
- 침대 (가로)1,500mm × (세로)2,110mm
- 테이블 (가로)450mm × (세로)450mm
- 서랍장 (가로)1,100mm × (세로)500mm
- 화장대 (가로)1,000mm × (세로)300mm
- 붙박이 장롱의 깊이는 650mm이며, 벽 한 면 전체를 남김없이 차지한다.

①

②

③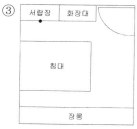

④

⑤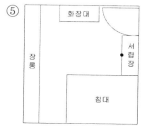

02 정답 및 해설

● 의사소통능력

1 ①

제시된 지문은 공문서의 한 종류인 보도자료에 해당한다. 마지막 문단에 밑줄 친 '거쳐'의 앞뒤 문맥을 파악해 보면, 지방재정협의회에서 논의한 지역 현안 사업은 각 부처의 검토 단계를 밟은 뒤 기재부에 신청되고, 이후 관계 기관의 협의를 거쳐 내년도 예산안에 반영함을 알 수 있다. 즉, 밑줄 친 '거쳐'는 '어떤 과정이나 단계를 겪거나 밟다.'의 의미로 사용되었다. 보기 중 이와 동일한 의미로 쓰인 것은 ①이다.

② 마음에 거리끼거나 꺼리다

③ 오가는 도중에 어디를 지나거나 들르다.

④ 무엇에 걸리거나 막히다

⑤ ('손을'과 함께 쓰여) 검사하거나 살펴보다.

2 ①

제시문에 따르면 사회적 경제는 궁극적으로 국가 공동체가 새로운 거버넌스의 원리에 따라 재구성되어야 한다는 것을 의미한다. 따라서 기존의 복지국가 담론과는 거리가 멀다.

3 ①

첫 문단에서는 법의 이념인 정의와 정의의 상징인 자유와 평등에 대해 언급하며 화제가 정의임을 보여준다. 둘째 문단에서는 일반화적 정의와 개별화적 정의에 대해 설명하면서 일반화적 정의는 개별화적 정의의 수정을 받지 않을 수 없다는 중심 문장을 이끌어 낸다. 따라서 답은 ①이 가장 적절하다.

4 ③

③ '몸가짐이나 언행을 조심하다.'는 의미를 가진 표준어는 '삼가다'로, '삼가야 한다'는 어법에 맞는 표현이다. 자주 틀리는 표현 중 하나로 '삼가해 주십시오' 등으로 사용하지 않도록 주의해야 한다.

① 어떤 일의 수단이나 도구를 나타내는 격조사 '-로써'로 고치는 것이 적절하다.

② 어떤 사실이나 내용을 시인하면서 그에 반대되는 내용을 말하거나 조건을 붙여 말할 때에 쓰는 연결 어미인 '-지마는(-지만)'이 오는 것이 적절하다.

④ '및'은 '그리고', '그 밖에', '또'의 뜻으로, 문장에서 같은 종류의 성분을 연결할 때 쓰는 말이다. 따라서 앞뒤로 이어지는 표현의 구조가 대등해야 한다.

⑤ '자문하다'는 '어떤 일을 좀 더 효율적이고 바르게 처리하려고 그 방면의 전문가나, 전문가들로 이루어진 기구에 의견을 묻다.'라는 뜻으로 '~에/에게 ~을 자문하다' 형식으로 쓴다.

5 ③

③ 김 과장은 이번 주에 홍보팀과 내부 미팅 예정이며, 외부 디자이너와도 미팅 업무가 잡혀 있다.

① 브로슈어 표지 시안 작업 및 제출은 박 주임 담당이다.

② 회의일시에 따르면 7월 3일이 월요일이다. 따라서 디자인팀이 전시회를 관람하는 7월 8일은 토요일이다.

④ 이 사원은 이번 주에 7월 사보 편집 작업과 함께 브로슈어 표지 이미지 샘플 조사도 해야 한다.

⑤ 최 사원은 주간 스케줄로 2017년도 홈페이지 개편 작업 진행이 잡혀 있다. 그런데 주초인 7월 3~4일까지 브로슈어 표지 이미지 샘플 조사를 완료해야 하므로 홈페이지 개편 작업보다는 브로슈어 표지 이미지 샘플 조사가 먼저 진행되어야 한다.

6 ⑤

㉠의 '던지다'는 '재물이나 목숨을 아낌없이 내놓다'의 의미로 사용되었다. 보기 중 이와 가장 유사한 의미로 사용된 것은 ⑤이다.

① 어떤 행동을 상대편에게 하다.

② 바둑이나 장기에서, 도중에 진 것을 인정하고 끝내다.

③ 손에 든 물건을 다른 곳에 떨어지게 팔과 손목을 움직여 공중으로 내보내다.

④ 그림자를 나타내다.

7 ③

첫 번째 문단에서 '동일곡이지만 템포의 기준을 어떻게 잡아서 재현해 내느냐에 따라서 그 음악의 악상은 달라진다.'고 언급하고 있다. 따라서 템포의 완급을 바꾸어도 악상은 변하지 않는다는 ③은 글의 내용과 일치하지 않는다.

8 ①

공문서는 시행일자 뒤에 수신처에서 문서를 보존할 기간을 기입해야 하지만 행정기관이 아닌 경우에는 기재를 하지 않아도 된다.

9 ②

- 문제 상황 : 출산율 저하(㉠)
- 출산율 저하의 원인 : 여성의 사회 활동 참여율(㉡), 가치관의 변화(㉤)
- 출산율 저하의 문제점 : 노동 인구의 수가 국가 산업 경쟁력을 좌우(㉇)하는데 인구 감소로 인해 노동력 부족 현상이 심화된다(㉃).
- 주장 : 새롭고 실제 가정에 도움이 되는 출산장려 정책이 추진되어야 한다(㉣).
- 주장의 근거 : 현재 시행되고 있는 출산장려 정책은 큰 효과가 없다(㉢).
- 종합 의견 : 인구 문제에 대한 정부 차원의 대책을 수립한다(◎).

10 ③

① 비염은 면역력의 문제, 체열 불균형의 문제, 장부의 문제, 독소의 문제가 복합적으로 얽혀서 코 점막의 비염 증상으로 표출되는 복합질환이다.
② 열성 비염은 뇌 과열과 소화기의 열이 주된 원인으로 발생하고 냉성 비염은 호흡기의 혈액순환 저하로 발생한다.
④ 코감기는 몸 전체가 아픈 바이러스질환으로 누런 코, 심한 코막힘에 오한, 발열을 동반한 코 증상이 있다.
⑤ 알레르기성 비염은 맑은 콧물, 코막힘, 재채기라는 3대 비염증상을 동반한다.

11 ④

토론의 주제는 찬성과 반대로 뚜렷하게 나뉘어질 수 있는 주제가 좋다. 위 토론의 주제는 찬성(전교생을 대상으로 무료급식을 시행해야 한다.)과 반대(전교생을 대상으로 무료급식을 시행해서는 안 된다.)로 뚜렷하게 나뉘어지므로 옳은 주제라 할 수 있다.

12 ⑤

필자는 현재 우리나라의 역간 거리가 타 비교대상에 비해 짧게 형성되어 있어 운행 속도 저하에 따른 속도경쟁력 약화를 문제점으로 지적하고 있다. 따라서 역간 거리가 현행보다 길어야 한다는 주장을 뒷받침할 수 있는 선택지 ①~④와 같은 내용을 언급할 것으로 예상할 수 있다. 다만, 역세권 문제나 부동산 시장과의 연계성 등은 주제와의 관련성이 있다고 볼 수 없다.

13 ④

④ 미화 1만 불 초과하여 휴대 출국시, 출국 전에 관할 세관의장에게 신고하여야 한다.

14 ②

② 건당 미화 1만 불 초과 환전시, 지정거래은행으로부터 "외국환신고(확인)필증"을 발급 받아야 한다.

15 ①

인슐린의 기능은 혈액으로부터 포도당을 흡수하여 세포로 이동시켜 혈액에서의 포도당의 농도를 낮추는 것인데, 인슐린의 기능이 저하될 경우 이러한 기능을 수행할 수 없기 때문에 혈액에서의 포도당 농도가 높아지게 된다.

16 ②

② 여요론트 부족 사회에서 돌도끼는 성인 남성만이 소유할 수 있는 가장 중요한 도구였으며, 이는 성(性) 역할, 연령에 따른 위계와 권위 등에 큰 영향을 미쳤다. 이러한 2문단의 내용을 통해 돌도끼가 여요론트 부족 사회에서 성인 남자의 권위를 상징하는 도구였다는 것을 알 수 있다.

17 ④

㉠은 '운명을 안다'에 쓰인 '안다'이므로, 그 뜻이 '손해나 빚 또는 책임, 운명 등을 맡다'라고 볼 수 있다. 이와 가장 유사한 것은 ④의 '부담감을 안다'라고 할 수 있다.

18 ④

④ 어떤 목적을 달성하기 위해 온갖 고난을 참고 견디어 심신을 단련함을 비유하는 말
① 미리 준비가 되어 있으면 걱정할 것이 없음을 이르는 말
② 필요할 때는 쓰고 필요 없을 때는 야박하게 버리는 경우를 이르는 말
③ 고국의 멸망을 한탄함을 이르는 말
⑤ 뛰어나게 아름다운 미인을 이르는 말

19 ①

'영중추부사 채제공'과 어울리는 단어는 '총괄'이 적절하다.
① 모든 일을 한데 묶어 관할
② 땅이나 물 위를 미끄러져 내닫음
③ 칠판에 분필로 글을 씀
④ 원망을 느낌
⑤ 몰래 달아나 숨음

20 ③

(나) 마야인의 시간 개념 및 제례의식

(다) 마야의 달력의 권위

(가) 달력의 종류 : 촐킨

(마) 달력의 종류 : 하아브

(라) 역법순환(촐킨과 하아브의 주기를 조합하는 계산방식)

21 ④

④ 혼인이나 제사 따위의 관혼상제 같은 어떤 의식을 치르다.

① 사람이 어떤 장소에서 생활을 하면서 시간이 지나가는 상태가 되게 하다.

② 서로 사귀어 오다.

③ 과거에 어떤 직책을 맡아 일하다.

⑤ 계절, 절기, 방학, 휴가 따위의 일정한 시간을 보내다.

22 ④

④ 다섯 번째 카드에서 교통약자석에 대한 인식 부족으로 교통약자석이 제 기능을 못하고 있다는 지적은 있지만, 그에 따른 문제점들을 원인에 따라 분류하고 있지는 않다.

① 첫 번째 카드   ② 세 번째 카드   ③ 네 번째 카드   ⑤ 여섯 번째 카드

23 ②

② 카드 뉴스는 신문 기사와 달리 글과 함께 그림을 비중 있게 제시하여 의미 전달을 효과적으로 하고 있다.

① 통계 정보는 (나)에서만 활용되었다.

③ 표제와 부제의 방식으로 제시한 것은 (나)이다.

④ 비유적이고 함축적인 표현들은 (가), (나) 모두에서 사용되지 않았다.

⑤ 신문 기사는 표정이나 몸짓 같은 비언어적 요소를 활용할 수 없다.

24 ②

도농교류사업 추진 건수에 따라 예산을 배정할 경우, 소규모의 일회성 사업이 난립하게 된다. 또한 지속적이고 안정적인 예산 확보도 어렵다.

① 본론 I −2−1) 도시민들의 농촌에 대한 부정적 인식을 개선하기 위한 과제로 적절하다.

③ 본론 I −1−1) 소규모의 일회성 사업 난립에 대한 개선책으로 적절하다.

④ 본론 I −1−3) ㅁㅁ기관 내 일원화된 추진체계 미흡을 해결하기 위한 과제로 적절하다.

⑤ 본론 I −1−2) 지속적이고 안정적인 예산 확보 미비에 대한 해결책으로 적절하다.

25 ④

네 번째 문단에서 '수많은 반증 사례가 있음에도 자신의 관점에 부합하는 사료만을 편파적으로 선택한 역사 서술은 '사실성'의 측면에서 신뢰받기 어렵다.'고 언급하고 있다. 따라서 ④는 글쓴이의 생각으로 적절하지 않다.
①③ 두 번째 문단 ② 첫 번째 문단 ⑤ 세 번째 문단

26 ④

②의 주체는 고객이 아니라 연체료이므로 '부과되십니다'가 아닌 '부과됩니다'가 바른 표현이다.

27 ③

제시된 내용은 학제 간 융합연구 지원 대상 및 지원 요건에 관한 내용이다. ⓒ은 학제 간 융합연구 지원 사업에 관한 내용이다.

28 ③

③ 예를 들면 하이든의 작품에는 통상적으로 'Hob.'로 시작하는 작품번호가 붙는다. 이는 네덜란드의 안토니 판 호보켄이 1957년과 1971년 하이든의 음악을 정리하여 낸 두 권의 카탈로그에서 유래한 것이다. (1문단)

29 ①

㉠ 조선시대 사족은 스스로 유향소(留鄕所)를 만들어 중앙 정부가 군현에 파견한 수령을 견제하는 한편, 향리세력에 대한 우위를 확보하고 향촌민을 원활히 통제하고자 하였다. (1문단)

ⓒ 사림파는 유향소를 통해 성리학적 질서를 확고히 하여 백성들을 다스리고, 이를 바탕으로 훈구파에 대항하려고 하였다. 그러나 영남 일부 지역을 제외한 대부분 지역은 훈구파에 의해 좌지우지되었다. (2문단)

30 ②

(가), (다), (라), (마)는 통계 조사 등의 결과를 과대 해석하여 보도하였다는 공통적인 문제가 있다. 반면 (나)의 경우는 같은 기간 훨씬 더 많이 발생한 산업재해 사망사건에 대해서는 거의 보도하지 않으면서, 상대적으로 적은 항공 사고에 대해서는 많은 보도를 발표하였다는 점에서 문제를 제기할 수 있다.

1 ④

성과급 총액을 x라고 할 때,

• A 직원 : $\dfrac{1}{3}x + 20$

• B 직원 : $\dfrac{1}{2}\left\{x - \left(\dfrac{1}{3}x + 20\right)\right\} + 10 = \dfrac{1}{2}\left(\dfrac{2}{3}x - 20\right) + 10 = \dfrac{1}{3}x$

• C 직원 : $\dfrac{1}{3}\left\{x - \left(\dfrac{1}{3}x + 20\right) - \left(\dfrac{1}{3}x\right)\right\} + 60 = \dfrac{1}{3}\left(\dfrac{1}{3}x - 20\right) + 60 = \dfrac{1}{9}x + \dfrac{160}{3}$

• D 직원 : $\dfrac{1}{2}\left\{x - \left(\dfrac{1}{3}x + 20\right) - \left(\dfrac{1}{3}x\right) - \left(\dfrac{1}{9}x + \dfrac{160}{3}\right)\right\} + 70 = \dfrac{1}{2}\left(\dfrac{2}{9}x - \dfrac{220}{3}\right) + 70 = \dfrac{1}{9}x + \dfrac{100}{3}$

따라서 $\left(\dfrac{1}{3}x + 20\right) + \left(\dfrac{1}{3}x\right) + \left(\dfrac{1}{9}x + \dfrac{160}{3}\right) + \left(\dfrac{1}{9}x + \dfrac{100}{3}\right) = \dfrac{8}{9}x + \dfrac{320}{3} = x$ 이므로

$x = 960$만 원이다.

2 ①

서울에서 5일 오후 1시 35분에 출발한 비행기를 타고 3시간 45분 소요 후 경유지에 도착했을 때의 시간은(서울 기준) 5시 20분이다. 그런데 경유지는 서울보다 1시간 빠르다고 하였으므로 경유지 현지 시간은 5일 오후 6시 20분이 된다.

경유지에서 3시간 50분을 대기하기 하면 경유지에서 출발 시간은 5일 오후 10시 10분이 되고, 9시간 25분 소요 후 출장지에 도착했을 때의 시간은(경유지 기준) 6일 오전 7시 35분이다. 그런데 출장지는 경유지보다 2시간 느리므로, 연착 없이 계획대로 출장지에 도착했다면, 도착했을 때 현지 시각은 6일 오전 5시 35분이 된다.

3 ⑤

• C팀의 평균은 A팀보다 3초 길다고 하였을 때, C팀의 평균이 45초이므로 A팀의 평균은 42초가 된다. 따라서 A 팀의 총 시간은 210이 되어야 하므로 A팀 4번 선수의 기록은 48초이다.

• D팀의 평균은 B팀보다 2초 짧다고 하였을 때, D팀의 평균이 44초이므로 B팀의 평균은 46초가 된다. 따라서 B 팀의 총 시간은 230이 되어야 하므로 B팀 2번 선수의 기록은 38초가 된다.

∴ A팀 4번 선수와 B팀 2번 선수의 평균 기록은 (48 + 38) ÷ 2 = 43초가 된다.

4 ④

④ 원자력 소비량은 2005년에 36.7백만TOE에서 2006년에 37.2백만TOE로 증가하였다가 2007년에는 다시 30.7 백만TOE로 감소하였다. 이렇듯 2006년부터 2014년까지 전년 대비 원자력 소비량의 증감추이를 분석하면 증가, 감소, 증가, 감소, 증가, 증가, 감소, 감소, 증가로 증감을 거듭하고 있다.

① 2005년부터 2014년까지 1차 에너지 소비량은 연간 약 230~290백만TOE 사이이다. 석유 소비량은 연간 101.5~106.2백만TOE로 나머지 에너지 소비량의 합보다 적다.

② 석탄 소비량은 전체 기간으로 볼 때 완만한 상승세를 보이고 있다.

③ 기타 에너지 소비량은 지속적으로 증가하는 추세이다.

⑤ LNG 소비량은 2009년 이후로 지속적으로 증가하다가 2014년에 전년 대비 4.7백만TOE 감소하였다.

5 ④

병원비 지원 기준에 따라 각 직원이 지원 받을 수 있는 내역을 정리하면 다음과 같다.

A 직원	본인 수술비 300만 원(100% 지원), 배우자 입원비 50만 원(90% 지원)
B 직원	배우자 입원비 50만 원(90% 지원), 딸 수술비 200만 원(직계비속→80% 지원)
C 직원	본인 수술비 300만 원(100% 지원), 아들 수술비 400만 원(직계비속→80% 지원)
D 직원	본인 입원비 100만 원(100% 지원), 어머니 수술비 100만 원(직계존속→80% 지원), 남동생 입원비 50만 원(직계존속 신청 有→지원 ×)

이를 바탕으로 A~D 직원 4명이 총 병원비 지원 금액을 계산하면 1,350만 원이다.

A 직원	$300 + (50 \times 0.9) = 345$만 원
B 직원	$(50 \times 0.9) + (200 \times 0.8) = 205$만 원
C 직원	$300 + (400 \times 0.8) = 620$만 원
D 직원	$100 + (100 \times 0.8) = 180$만 원

6 ①

한 달 동안의 통화 시간 t $(t = 0, 1, 2, \cdots)$에 따른

요금제 A의 요금

$y = 10{,}000 + 150t$ $(t = 0,\ 1,\ 2,\ \cdots)$

요금제 B의 요금

$\begin{cases} y = 20{,}200 & (t = 0,\ 1,\ 2,\ \cdots, 60) \\ y = 20{,}200 + 120(t - 60) & (t = 61,\ 62,\ 63,\ \cdots) \end{cases}$

요금제 C의 요금

$\begin{cases} y = 28{,}900 & (t = 0,\ 1,\ 2,\ \cdots, 120) \\ y = 28{,}900 + 90(t - 120) & (t = 121,\ 122,\ 123,\ \cdots) \end{cases}$

㉠ B의 요금이 A의 요금보다 저렴한 시간 t의 구간은

   $20{,}200 + 120(t - 60) < 10{,}000 + 150t$ 이므로 $t > 100$

    ⑥ B 의 요금이 C 의 요금보다 저렴한 시간 t 의 구간은

$$20,200 + 120(t-60) < 28,900 + 90(t-120) \text{ 이므로 } t < 170$$

따라서 $100 < t < 170$ 이다.

∴ $b-a$ 의 값은 70

7 ③

③ 10년간 부채 비율의 평균을 내면 105.70%로 90% 이상이다.

① 2007~2010년까지는 전년 대비 감소하거나 2,000억 원이 넘지 않는 범위에서 증가했다. 또한 2012~2016년 사이에도 약 500~5,000억 원이 넘지 않는 범위에서 변동이 있었다. 따라서 2011년에 전년 대비 자본금이 7,000억 원 이상 증가한 것은 두드러진 변화라고 할 수 있다.

② 부채 비율이 전년 대비 가장 크게 증가한 해는 2008년으로 약 38.8%p 증가하였다.

④⑤ 표를 보고 쉽게 알 수 있는 내용이다.

8 ①

$$\frac{2838}{23329} \times 100 \fallingdotseq 12.2\%$$

9 ①

$$\frac{58.9}{47.9} \fallingdotseq 1.2\text{배}$$

10 ③

• 2015년 C사의 단기순이익 점유비가 2013년도보다 7.2% 감소하였으므로, ⑥=19.4%

• 2015년 A사의 단기순이익 점유비 ㉠=4.3%

∴ 2015년 A사와 B사의 당기순이익 점유비 합은 4.3+21.3=25.6%이다.

11 ③

$$300 \times (7+9+9)\% = 75\text{명}$$

12 ③

- $1km$ 당 산업용 도로의 건설비 $= \dfrac{300}{55} \fallingdotseq 5.5$(억 원)

- $3km$ 당 산업용 도로의 건설비 $= 5.5 \times 3 \fallingdotseq 16.5$(억 원)

13 ②

② 갑의 평균 점수는 86.75점, 을의 평균 점수는 81.25점이다.
① 을의 국어 점수는 82점으로 갑보다 높다.
③ 을의 수학 점수는 79점이고 나머지는 80점대를 기록했다.
④ 갑의 국어 점수는 75점으로 상대적으로 다른 과목에 비해 낮은 점수이다.
⑤ 을의 시험 점수 중 가장 낮은 성적을 받은 과목은 79점인 수학이다.

14 ③

③ 김제시의 경지 면적은 제주시 경지 면적의 약 90%이다.
① 약 1.3배 차이난다.
② 서귀포시의 경지 면적은 상위 3번째에 해당한다.
④ 김제시와 서산시 경지면적의 합이 55,786ha이므로 약 1.58배 차이난다.
⑤ 가장 적은 경지면적을 보유한 곳은 27,285ha의 서산시이다.

15 ④

④ 제시된 자료만으로 매출액을 평가하기 어렵다.
① 택배 물량은 매년 증가하고 있다.
② $\dfrac{994 - 833}{833} \times 100 \fallingdotseq 19\%$ 증가하였다.
③ 약 41배 차이 난다.
⑤ 2001년의 택배 물량은 127(10만 개)이고, 전년도 물량은 27(10만 개)이다.

16 ④

ⓛ : $52,822 - 20,818 - 11,924 - 6,406 - 11,204 - 944 - 771 = 755$

17 ②

㉠ : $7,924 - 3,076 - 1,836 - 1,820 - 108 - 129 - 121 = 834$

18 ②

〈2018년도 에어컨 매출액 상위 10개 업체〉

순위	업체명	매출액(단위 : 십억 원)
1	A	$1139 \times 1.15 = 1309.85$
2	B	$1097 \times 1.19 = 1305.43$
3	D	$196 \times 1.80 = 352.8$
4	C	$285 \times 1.10 = 313.5$
5	F	$149 \times 1.90 = 283.1$
6	G	$138 \times 1.46 = 201.48$
7	E	$154 \times 1.25 = 192.5$
8	H	$40 \times 1.61 = 64.4$
9	J	$27 \times 1.58 = 42.66$
10	I	$30 \times 1.37 = 41.1$

19 ④

ⓐ 2006년 대비 2010년의 청소기 매출액 증가율이 62.5%이므로,

2010년의 매출액을 x라 하면,

$$\frac{x - 320}{320} \times 100 = 62.5, \quad \therefore x = 520(억\ 원)$$

ⓑ 2002년 대비 2004년의 청소기 매출액 감소율이 10%이므로,

2002년의 매출액을 y라 하면,

$$\frac{270 - y}{y} \times 100 = -10, \quad \therefore y = 300(억\ 원)$$

∴ 2002년과 2010년의 청소기 매출액의 차이 : $520 - 300 = 220(억\ 원)$

20 ④

P도시에서 Q도시로 가는 길은 3가지이고, Q도시에서 R도시로 가는 길은 2가지이므로, P도시를 출발하여 Q도시를 거쳐 R도시로 가는 방법은 3 × 2 = 6가지이다.

21 ③

ⓐ 융합서비스의 생산규모 2006년에 전년대비 1.2배가 증가하였으므로,

• (가)는 3.5 × 1.2 = 4.2가 되고

• (나)는 38.7 + 9.0 + 4.2 = 51.9가 된다.

ⓛ 2007년 정보기기의 생산규모는 전년대비 3천억 원이 감소하였으므로,

- (바)는 71. 1– (47.4 + 13.6) = 10.1이고
- (다)는 10.1 + 3 = 13.1이고,
- (라)는 43.3 + 13.1 + 15.3 = 71.7이다.

따라서 (마)는 (나) + (라) = 51.9 + 71.7 = 123.6이다.

22 ①
㉠ B사 주가의 최댓값은 57(백 원)

㉡ 월별 주가지수는

- 1월 주가지수 $= \dfrac{5000+6000}{5000+6000} \times 100 = 100.0$

- 2월 주가지수 $= \dfrac{4000+6000}{5000+6000} \times 100 = 90.9$

- 3월 주가지수 $= \dfrac{5700+6300}{5000+6000} \times 100 = 109.1$

- 4월 주가지수 $= \dfrac{4500+5900}{5000+6000} \times 100 = 94.5$

- 5월 주가지수 $= \dfrac{3900+6200}{5000+6000} \times 100 = 91.8$

- 6월 주가지수 $= \dfrac{5600+5400}{5000+6000} \times 100 = 100.0$

∴ 주가지수의 최솟값은 90.9(2월)이다.

23 ④
닮음비란 서로 닮은 두 도형에서 대응하는 변의 길이의 비이다. 정육면체의 부피는 (한 밑변의 넓이) × (높이) = (한 모서리의 길이) × (한 모서리의 길이) × (한 모서리의 길이)이므로, 큰 정육면체 B의 부피는 작은 정육면체 A의 부피의 $2^3 = 8$배이다.

24 ②
㉠ 11~20세 인구의 10년간 흐름은 5년마다 감소하고 있지만 전체 인구의 흐름은 증가하고 있다.

㉢ $\dfrac{17508418}{90156842} \times 100 = 19.42\%$

㉡ 20세 이하의 인구는 2000년(18,403,373명), 2005년(17,178,526명), 2010년(15,748,774명)이다.

㉣ 2000년 대비 2010년의 30세 이하 인구는 모두 감소하였다.

- 0~10세 인구 : 972,287명 감소

- 11~20세 인구 : 1,682,312명 감소
- 21~30세 인구 : 628,123명 감소

25 ①

□ADEB의 넓이는 9이고 □BFGC의 넓이가 4이므로, $\overline{AB}$ 의 길이는 3이고 $\overline{BC}$ 의 길이는 2이다. 피타고라스의 정리에 의하면 직각삼각형에서 직각을 끼고 있는 두 변의 제곱의 합은 빗변의 길이의 제곱과 같으므로, $\overline{AC}$ 의 길이를 x 라고 할 때, $x^2 = 9 + 4 = 13$이다.

26 ①

㉠ '거리 = 속도 × 시간'이므로,
- 정문에서 후문까지 가는 속도 : 20m/초 = 1,200m/분
- 정문에서 후문까지 가는데 걸리는 시간 : 5분
- 정문에서 후문까지의 거리 : 1200 × 5 = 6,000m

㉡ 5회 왕복 시간이 70분이므로,
- 정문에서 후문으로 가는데 소요한 시간 : 5회 × 5분 = 25분
- 후문에서 정문으로 가는데 소요한 시간 : 5회 × x분
- 쉬는 시간 : 10분
- 5회 왕복 시간 : 25 + 5x + 10분 = 70분

∴ 후문에서 정문으로 가는데 걸린 시간 x = 7분

27 ⑤

피자 1판의 가격을 x, 치킨 1마리의 가격을 y라고 할 때, 피자 1판의 가격이 치킨 1마리의 가격의 2배이므로 $x = 2y$가 성립한다.

피자 3판과 치킨 2마리의 가격의 합이 80,000원이므로, $3x + 2y = 80,000$이고

여기에 $x = 2y$를 대입하면 $8y = 80,000$이므로 $y = 10,000$, $x = 20,000$이다.

28 ②

㉠ 4,400 − 2,100 = <u>2,300</u>명

㉡ 남성 : 4,400 − 4,281 = 119, 여성 : 2,100 − 1,987

    = 113 → <u>감소</u>

㉢ 2,274 − 1987 = 287 → <u>증가</u>

㉣ 2,400 − 2100 = <u>300</u>

29 ④

㉠ 영상 분야의 예산은 40.85(억 원), 비율은 19(%)이므로, $40.85 : 19 = $ (가) : (다)
- (다) $= 100 - (19 + 24 + 31 + 11) = 15\%$
- $40.85 \times 5 = 19 \times$ (가)
- ∴ 출판 분야의 예산 (가) $= 32.25$(억 원)

㉡ 위와 동일하게 광고 분야의 예산을 구하면, $40.85 : 19 = $ (나) : 31
- $40.85 \times 31 = 19 \times$ (나),
- ∴ 광고 분야의 예산 (나) $= 66.65$(억 원)

㉢ 예산의 총합 (라)는 $32.25 + 40.85 + 51.6 + 66.65 + 23.65 = 215$(억 원)

30 ③

세 종류의 과일 중 두 종류의 과일을 고를 수 있는 경우는 (사과, 배), (사과, 바나나), (배, 바나나)의 세 가지이다. 여기에 두 종류의 채소 중 한 종류의 채소를 섞어 주스를 만들게 되므로 총 메뉴는 6가지가 된다.

문제해결능력

1 ④

④ C 지점의 경우 마카롱을 먹지 않은 손님이 알레르기가 발생했고, F 지점의 경우 마카롱을 먹은 손님이 알레르기가 발생하지 않았다. 따라서 C, D, F 지점의 사례만을 고려하면, 마카롱이 알레르기의 원인이라고는 할 수 없다.

2 ①

주어진 조건에 따라 신입사원별로 이미 근무한 곳과 그렇지 않은 곳을 정리하면 다음과 같다.

구분	A	B	C	D	E
현재 근무 중(세 번째)	잠실	종로	강남	구로	마포
이미 근무		구로	구로, 마포	잠실, 마포	잠실, 종로
앞으로 근무	마포	마포	잠실, 종로	강남, 종로	강남, 구로

① E는 현재 마포에서 근무 중이고 잠실과 종로에서 이미 근무했으므로 구로에서는 근무하지 않았다가 반드시 참이 된다.

3 ④

둥그런 탁자에 직원과 인턴사원이 한 명씩 짝을 지어 앉아 있는 경우를 가정하고 제시된 조건을 하나씩 적용해 나가면 다음과 같다.

• B 인턴을 맡고 있는 직원은 다 직원의 왼편에 앉아 있다. →우선 B 인턴의 자리를 임의로 정한다. 조건에서 B 인턴을 맡고 있는 직원이 다 직원의 왼편에 앉아 있다고 하였으므로, 다 직원은 B 인턴을 맡고 있는 직원의 오른편에 앉아 있음을 알 수 있다.

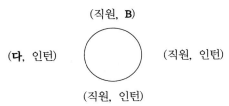

• A 인턴을 맡고 있는 직원 맞은편에는 B 인턴을 맡고 있는 직원이 앉아 있다. →A 인턴의 자리는 B 인턴의 맞은편이 된다.

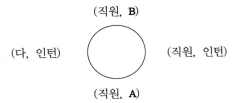

• 라 직원은 다 직원 옆에 앉아 있지 않으나, A 인턴을 맡고 있는 직원 옆에 앉아 있다. →다 직원 옆이 아니면서 A 인턴을 맡고 있는 직원 옆이 라 직원의 자리이다.

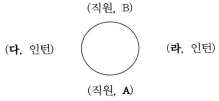

• 나 직원은 가 직원 맞은편에 앉아 있으며, 나 직원의 오른편에는 라 직원이 앉아 있다. →나 직원의 오른편에는 라 직원이 앉아 있다고 하였으므로, 나 직원의 자리는 라 직원의 왼편이고 남은 자리가 가 직원의 자리가 된다. 여기서 직원 4명의 자리가 모두 결정된다.

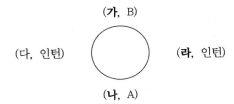

- 시계 6시 방향에는 다 직원이 앉아있으며, 맞은편에는 D 인턴을 맡고 있는 사원이 있다. →시계 6시 방향에 다 직원이 앉아있다는 조건에 따라 위에서 임의로 정한 위치를 수정하고(참고로 이 조건을 먼저 고려하여 자리를 배치해 나간다면 위치를 수정하는 과정 없이 빠르게 문제를 해결할 수 있다), 다 직원의 맞은편에 D 인턴을 배치하면 C 인턴의 자리는 자연스럽게 남은 한 자리가 된다. 여기서 직원과 인턴사원 8명의 자리가 모두 정해진다.

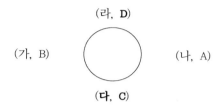

4 ④

② 우선 문제에서 '상법상 공공기관에 속하지 않는 기업에서 근무하는 개인정보처리자'라고 전제하고 있음을 유념해야 한다. 개인정보보호법 시행규칙 제2조에 따르면 개인정보를 제3자에게 제공하는 경우에는 관보 또는 인터넷 홈페이지에 게재하여야 한다고 규정하고 있지만, 이는 공공기관에 의한 개인정보의 제3자 제공의 경우이다. 따라서 공공기관에 속하지 않는 기업에서 근무하는 개인정보처리자의 경우 해당되지 않으며, 기업에서 이 조항을 따른다고 하여도 관보 또는 인터넷 홈페이지에 게재하여야 하는 것이므로 반드시 인터넷에 게재해야 하는 것은 아니다.

① 제15조 제1항 제1호에 규정된 행위로 적법하다.

③ 기본적인 업무 수행 지침이라고 할 수 있다.

④ 제15조 제2항에 따르면 개인정보의 수집·이용 목적을 변경하는 경우에도 정보주체에게 이를 알리고 동의를 받아야 한다.

⑤ 제15조 제1항 제4호에 규정된 행위로 적법하다.

5 ①

① '이들 변동 속도의 차이가 낳기 마련인 상호 간 심한 부조화는 문화적 갈등과 사회적 혼란의 요인이 된다.'는 문장에서 [참]임을 알 수 있다.

②③ 자료에 따르면 변동 속도가 빠른 순서는 테크놀로지, 경제, 사회조직, 가치 순이다. 따라서 ②는 [거짓]이고 ③은 [참]이다.

④⑤ 첫 문장에서 '문화지체(cultural lag)'는 광의의 문화 요소들 사이에 변화의 속도가 달라 그 사이에 괴리가 생기는 현상이라고 언급하고 있다. 따라서 ④⑤는 모두 [참]이다.

6 ①

각 조건에서 알 수 있는 내용을 정리하면 다음과 같다.

㉠ 화재 C는 네 번째로 발생하였다.

첫 번째	두 번째	세 번째	C	다섯 번째	여섯 번째

㉡ 화재 A는 화재 E보다 먼저 발생하였다. →A > E

㉢ 화재 B는 화재 A보다 먼저 발생하였다. →B > A

㉣ 화재 E는 가장 나중에 발생하지 않았다. →화재 E는 2~3번째(∵ ㉡에 의해 A > E이므로) 또는 5번째로 발생하였다.

㉤ 화재 F는 화재 B보다 나중에 발생하지 않았다. →F > B

㉥ 화재 C는 화재 E보다 나중에 발생하지 않았다. →C > E

㉦ 화재 C는 화재 D보다 먼저 발생하였으나, 화재 B보다는 나중에 발생하였다. →B > C > D

따라서 모든 조건을 조합해 보면, 화재가 일어난 순서는 다음과 같으며 세 번째로 발생한 화재는 A이다.

F	B	A	C	E	D

7 ③

제시된 설문조사에는 광고 매체 선정에 참고할 만한 조사 내용이 포함되어 있지 않다. 따라서 ③은 이 설문조사의 목적으로 적합하지 않다.

8 ③

7개의 지사 위치를 대략적으로 나타내면 다음과 같다. 따라서 A에서 가장 멀리 떨어진 지사는 E이다.

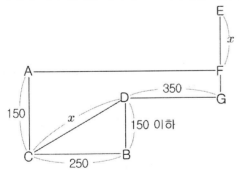

9 ②

비오는 날을 좋아하는 사람→감성적인 사람→커피를 좋아하는 사람

10 ①

② A와 I가 같은 부서에 배정되어야 한다는 조건4를 만족하지 못한다.

③ 홍보부에 4명이 배정되어야 한다는 〈상황〉에 부합하지 못한다.

④ B와 C가 서로 다른 부서에 배정되어야 한다는 조건2를 만족하지 못한다.

⑤ 총무부에는 5급이 2명 배정되어야 한다는 조건1을 만족하지 못한다.

11 ③

③ C는 정원이 50명이 넘으므로 기타공공기관이 아니며, 자체수입비율이 55%이므로 자체수입액이 총수입액의 2분의 1 이상이기 때문에 공기업이다. 시장형 공기업 조건에 해당하지 않으므로 C는 준시장형 공기업이다.

12 ②

② A와 B는 한 조가 되고, C와 F는 한 조가 된다. D와 E는 어느 조에 들어가는 지 알 수 없다. 따라서 같은 조에 들어갈 수 없는 면접관은 B와 C이다.

13 ③

③ B가 속한 조에 F는 함께 할 수 없다.

14 ④

A, E가 같은 조에 속하는 경우 A, B, E가 한 조가 되고, C, D, F가 한 조가 된다.

15 ④

④ 1회 송달료가 2,500원일 경우 A가 납부한 송달료의 합계는 처음의 소를 제기할 때 들어간 송달료 50,000원에 항소를 제기하기 위해 들어간 송달료 60,000원을 더한 110,000원이 된다.

① A가 제기한 소는 소가 2,000만 원 이하의 사건이므로 제1심 소액사건에 해당한다.

② 1회 송달료가 3,200원일 경우 A가 소를 제기하기 위해 내야할 송달료는 당사자 수 × 송달료 10회분이므로, 2 × 32,000 = 64,000원이다.

③ A가 원래의 소를 제기할 때 들어가는 송달료는 당사자 수 × 송달료 10회분이고, 항소를 제기할 때 들어가는 송달료는 당사자 수 × 송달료 12회분이므로, 당사자 수가 같을 경우 항소를 제기할 때 들어가는 송달료가 원래의 송달료보다 많다.

⑤ 민사 항소사건의 경우 당사자수 × 송달료 12회분을 납부해야 한다.

16 ②

ⓐ 이 대출상품은 개인을 대상으로 하기 때문에 법인은 대출을 받을 수 없다.

ⓑ 대출기간은 4개월 이상 1년 이내로 거치기간이 없다.

17 ④

ⓐ Broca 보정식에 의한 신장 $170cm$ 의 표준체중은 $(170-100) \times 0.9 = 63kg$ 이므로, 지환이는 $\frac{80}{63} \times 100 = 127(\%)$ 로 비만에 해당한다.

ⓑ 지환이의 체질량 지수는 $\frac{80}{1.7^2} = 27.7$ 이므로 경도비만에 해당한다.

18 ②

ⓐ : 태풍경보 표를 보면 알 수 있다. 비가 270mm이고 풍속 26m/s에 해당하는 경우는 태풍경보 2급이다.

ⓑ : 6시간 강우량이 130mm 이상 예상되므로 호우경보에 해당하며 산지의 경우 순간풍속 28m/s 이상이 예상되므로 강풍주의보에 해당한다.

19 ③

ⓐ 박씨는 앞에서 세 번째에 앉는다.

앞	1	2	3	4	5	6	7	뒤
			박씨					

ⓑ 정씨가 맨 앞에 앉는 경우 송씨는 박씨의 뒤 쪽에 앉게 되지만 김씨는 서로 이웃하게 앉아야 하므로 조건에 맞지 않다. 따라서 정씨는 맨 뒤에 앉아야 한다.

앞	1	2	3	4	5	6	7	뒤
			박씨				정씨	

ⓒ 송씨가 들어갈 수 있는 자리는 4, 6번이 가능하다.

앞	1	2	3	4	5	6	7	뒤
			박씨	송씨		송씨	정씨	

ⓓ 김씨가 서로 이웃하게 앉으려면 1, 2만 가능하다.

앞	1	2	3	4	5	6	7	뒤
	김씨	김씨	박씨	송씨		송씨	정씨	

ⓔ 남는 자리는 한 자리이므로 이씨는 5번에 앉게 된다.

앞	1	2	3	4	5	6	7	뒤
	김씨	김씨	박씨	송씨	이씨	송씨	정씨	

20 ①

⊙ 확실한 기준인 '우성이의 맞은편에는 아라가 있다.'를 먼저 적용한다.

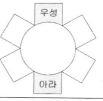

ⓒ '아라의 오른쪽에는 석희가 있다.'를 적용한다.

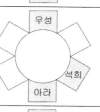

ⓒ '중구는 재범이 옆에 있다.', '석희의 맞은편에 있는 사람은 중구가 아니다.'
를 적용한다.

ⓔ 남은 자리는 연지가 앉게 된다.

21 ②

명제를 종합해보면, 교육자 → 도덕적 → 생각 → 판단력 → 선택 → 노력 → 만족

22 ①

- 현수는 당번✕ (ⓗ)
- 현수가 당번✕ → 현우와 현성이 당번○ (ⓜ)
- 현우와 현성이 당번○ → 현아는 당번✕ (ⓒ)
- 현아가 당번✕ → 현경이 당번○ (⊙의 대우)
- 현경이 당번○ → 현우도 당번○ (ⓛ)
- 현아나 현성이 당번○ → 현진이도 당번○ (ⓔ)
따라서 청소 당번은 현우, 현성, 현경, 현진이다.
(청소 당번이 아닌 사람은 현수, 현아)

23 ③

지원 구분에 따르면 모친상과 같은 경조사는 경조사 지원에 포함되어야 한다. 따라서 F의 구분이 잘못되었다.

24 ③

③ 2017년 변경된 사내 복지 제도에 따르면 1인 가구 사원에게는 가~사 총 7동 중 가~다동이 지원된다.

25 ①

㉠ 제인의 기준 : 가격 + 원료

평가기준 \ 제품명	B	D	K	M
원료	10	8	5	8
가격	4	9	10	7
총점	14	<u>17</u>	15	15

㉡ 데이먼의 기준 : 소비자 평가 총점

평가기준 \ 제품명	B	D	K	M
원료	10	8	5	8
가격	4	9	10	7
인지도	8	7	9	10
디자인	5	10	9	7
총점	27	<u>34</u>	33	32

㉢ 밀러의 기준 : 인지도 + 디자인

평가기준 \ 제품명	B	D	K	M
인지도	8	7	9	10
디자인	5	10	9	7
총점	13	17	<u>18</u>	17

㉣ 휴즈의 기준 : 원료 + 가격 + 인지도

평가기준 \ 제품명	B	D	K	M
원료	10	8	5	8
가격	4	9	10	7
인지도	8	7	9	10
총점	22	24	24	<u>25</u>

ⓑ 구매 결과

제인	데이먼	밀러	휴즈
D	D	K	M

26 ②

한 사람만 거짓말을 하기 때문에 나머지 세 사람은 참말만 해야 한다.

㉠ 조정이가 거짓말을 하는 경우
- 조정 : 나는 범인이다.
- 근석 : 명기는 범인이다. (조정이 범인이어야 하므로 논리적 모순)
- 명기 : 근석이는 범인이다. (조정이 범인이어야 하므로 논리적 모순)
- 용준 : 명기는 범인이다. (조정이 범인이어야 하므로 논리적 모순)

㉡ 근석이가 거짓말을 하는 경우
- 근석 : 명기는 범인이 아니다.
- 조정 : 나는 범인이 아니다.
- 명기 : 근석이는 범인이다.
- 용준 : 명기는 범인이다. (명기는 범인이 아니어야 하므로 논리적 모순)

㉢ 명기가 거짓말을 하는 경우
- 명기 : 근석이는 범인이 아니다.
- 조정 : 나는 범인이 아니다.
- 근석 : 명기는 범인이다.
- 용준 : 명기는 범인이다.

㉣ 용준이가 거짓말을 하는 경우
- 용준 : 명기는 범인이 아니다.
- 조정 : 나는 범인이 아니다.
- 근석 : 명기는 범인이다. (명기는 범인이 아니어야 하므로 논리적 모순)
- 명기 : 근석이는 범인이다.

따라서 ㉢ '명기가 거짓말을 하는 경우'만 논리적으로 모순이 없기 때문에 명기가 거짓말을 하고 있다.

27 ①

① A는 직원 정원이 50명 이상이고 자체수입액이 총수입액의 2분의 1 이상이며, 자산규모가 2조 원 이상이고 총수입액 중 자체수입액이 100분의 85 이상이므로 시장형 공기업에 해당한다.
② B는 직원 정원이 50명 미만이므로 기타공공기관에 해당한다.
③④ C, D는 자체수입액이 총수입액의 2분의 1 미만이므로 준정부기관에 해당한다.
⑤ E는 자산규모가 2조 원 미만이므로 준시장형 공기업에 해당한다.

28 ③

㉠ 조건을 정리하면,
- 4명이 각각 2개의 동호회에 가입되어 있으므로 총 8개의 동호회에 가입되어있다.
- 배드민턴 동호회에는 3명이 가입되어 있다.
- 골프 동호회에는 2명이 가입되어 있다.
- 낚시 동호회에는 2명이 가입되어 있다.

따라서 배드민턴, 골프, 낚시 동호회에 가입된 사람은 7명이기 때문에 자전거 동호회에 가입된 사람은 1명이다.

㉡ 준희, 담비, 사연이의 가입 현황

	배드민턴(3)	골프(2)	낚시(2)	자전거(1)
영호				
준희				○
담비			○	
사연	○	○		

㉢ 제시된 보기를 ㉡에 적용하면,

① '영호와 준희가 배드민턴 동호회에 가입되어 있다면 담비는 배드민턴 동호회에 가입하지 않았다.'

= 3명만 가입한 배드민턴 동호회에 영희, 준희, 사연에 가입되어 있으므로 담비는 배드민턴 동호회에 가입될 수 없다.(옳은 설명)

	배드민턴(3)	골프(2)	낚시(2)	자전거(1)
영호	○			
준희	○			○
담비			○	
사연	○	○		

② '담비가 골프 동호회에 가입되어 있다면 배드민턴 동호회에 가입하지 않았다.'

= 한 사람당 2개의 동호회에 가입이 가능하므로 담비가 골프와 낚시 동호회에 가입되면 더 이상 다른 동호회에 가입할 수 없다.(옳은 설명)

	배드민턴(3)	골프(2)	낚시(2)	자전거(1)
영호				
준희				○
담비		○	○	
사연	○	○		

③ '준희가 낚시 동호회에 가입되어 있다면 영호도 낚시 동호회에 가입되어 있다.'

= 2명이 가입한 낚시 동호회에 준희, 담비가 가입되어 있으므로 영호는 낚시 동호회에 가입될 수 없다.(옳지 않은 설명)

	배드민턴(3)	골프(2)	낚시(2)	자전거(1)
영호				
준희			○	○
담비			○	
사연	○	○		

④ '사연이는 낚시 동호회에 가입하지 않았다.'

= 사연이는 이미 배드민턴과 골프 동호회에 가입되어 있으므로 다른 동호회에 가입될 수 없다. (옳은 설명)

	배드민턴(3)	골프(2)	낚시(2)	자전거(1)
영호				
준희				○
담비			○	
사연	○	○		

⑤ '영호는 자전거 동호회에 가입하지 않았다.'

= 자전거 동호회는 이미 준희가 가입하고 있으므로 더 이상 가입할 수 없다. (옳은 설명)

	배드민턴(3)	골프(2)	낚시(2)	자전거(1)
영호				
준희				○
담비			○	
사연	○	○		

29 ③

③ 丙이 2번 자리에 앉을 경우, 丁은 햇빛 알레르기가 있어 1번 자리에 앉을 수 없으므로 3, 4, 5번 중 한 자리에 앉아야 하며, 丙과 성격이 서로 잘 맞지 않는 戊는 4, 5번 중 한 자리에 앉아야 한다. 이 경우 성격이 서로 잘 맞은 甲과 乙이 떨어지게 되므로 최상의 업무 효과를 낼 수 있는 배치가 되기 위해서는 丙은 2번 자리에 앉을 수 없다.

① 창문 – 戊 – 乙 – 甲 – 丙 – 丁 순으로 배치할 경우 甲은 3번 자리에 앉을 수 있다.

② 창문 – 戊 – 丁 – 丙 – 甲 – 乙 순으로 배치할 경우 乙은 5번 자리에 앉을 수 있다.

④ 丁이 3번 자리에 앉을 경우, 甲과 성격이 서로 잘 맞는 乙, 丙 중 한 명은 甲과 떨어지게 되므로 최상의 업무 효과를 낼 수 있는 배치가 되기 위해서는 丁은 3번 자리에 앉을 수 없다.

⑤ 戊가 2번 자리에 앉을 경우, 丁은 햇빛 알레르기가 있어 1번 자리에 앉을 수 없으므로 3, 4, 5번 중 한 자리에 앉아야 하는데, 그러면 甲과 성격이 서로 잘 맞는 乙, 丙 중 한 명은 甲과 떨어지게 되므로 최상의 업무 효과를 낼 수 있는 배치가 되기 위해서는 戊는 2번 자리에 앉을 수 없다.

30 ①

서랍장의 세로 길이가 500mm이고 서랍을 열려면 400mm의 공간이 필요하므로 서랍장의 세로 길이는 총 900mm라고 할 수 있다. 또한 붙박이 장롱 역시 깊이가 650mm이고 문을 여는 데 550mm의 간격이 필요하므로 붙박이 장롱의 세로 길이는 총 1,200mm라고 할 수 있다.

②④ 붙박이 장롱 문을 열 수 없다.

③ 서랍장과 화장대를 가로로 배치할 경우 방문을 여닫을 수 없으며, 서랍장과 장롱 중 어느 하나는 여닫을 수 없다.

⑤ 방문을 여닫을 수 없으며, 붙박이 장롱 문도 여닫을 수 없다.

PART

IV

면접

01 면접의 기본

(1) 면접의 기본 원칙

① **면접의 의미** … 면접이란 다양한 면접기법을 활용하여 지원한 직무에 필요한 능력을 지원자가 보유하고 있는지를 확인하는 절차라고 할 수 있다. 즉, 지원자의 입장에서는 채용 직무수행에 필요한 요건들과 관련하여 자신의 환경, 경험, 관심사, 성취 등에 대해 기업에 직접 어필할 수 있는 기회를 제공받는 것이며, 기업의 입장에서는 서류전형만으로 알 수 없는 지원자에 대한 정보를 직접적으로 수집하고 평가하는 것이다.

② **면접의 특징** … 면접은 기업의 입장에서 서류전형이나 필기전형에서 드러나지 않는 지원자의 능력이나 성향을 볼 수 있는 기회로, 면대면으로 이루어지며 즉흥적인 질문들이 포함될 수 있기 때문에 지원자가 완벽하게 준비하기 어려운 부분이 있다. 하지만 지원자 입장에서도 서류전형이나 필기전형에서 모두 보여주지 못한 자신의 능력 등을 기업의 인사담당자에게 어필할 수 있는 추가적인 기회가 될 수도 있다.

[서류 · 필기전형과 차별화되는 면접의 특징]

- 직무수행과 관련된 다양한 지원자 행동에 대한 관찰이 가능하다.
- 면접관이 알고자 하는 정보를 심층적으로 파악할 수 있다.
- 서류상의 미비한 사항과 의심스러운 부분을 확인할 수 있다.
- 커뮤니케이션 능력, 대인관계 능력 등 행동 · 언어적 정보도 얻을 수 있다.

③ **면접의 유형**

　㉠ **구조화 면접** : 구조화 면접은 사전에 계획을 세워 질문의 내용과 방법, 지원자의 답변 유형에 따른 추가 질문과 그에 대한 평가 역량이 정해져 있는 면접 방식으로 표준화 면접이라고도 한다.

　　• 표준화된 질문이나 평가요소가 면접 전 확정되며, 지원자는 편성된 조나 면접관에 영향을 받지 않고 동일한 질문과 시간을 부여받을 수 있다.

- 조직 또는 직무별로 주요하게 도출된 역량을 기반으로 평가요소가 구성되어, 조직 또는 직무에서 필요한 역량을 가진 지원자를 선발할 수 있다.
- 표준화된 형식을 사용하는 특성 때문에 비구조화 면접에 비해 신뢰성과 타당성, 객관성이 높다.

 ⓛ **비구조화 면접** : 비구조화 면접은 면접 계획을 세울 때 면접 목적만을 명시하고 내용이나 방법은 면접관에게 전적으로 일임하는 방식으로 비표준화 면접이라고도 한다.
- 표준화된 질문이나 평가요소 없이 면접이 진행되며, 편성된 조나 면접관에 따라 지원자에게 주어지는 질문이나 시간이 다르다.
- 면접관의 주관적인 판단에 따라 평가가 이루어져 평가 오류가 빈번히 일어난다.
- 상황 대처나 언변이 뛰어난 지원자에게 유리한 면접이 될 수 있다.

④ 경쟁력 있는 면접 요령

 ㉠ 면접 전에 준비하고 유념할 사항
- 예상 질문과 답변을 미리 작성한다.
- 작성한 내용을 문장으로 외우지 않고 키워드로 기억한다.
- 지원한 회사의 최근 기사를 검색하여 기억한다.
- 지원한 회사가 속한 산업군의 최근 기사를 검색하여 기억한다.
- 면접 전 1주일간 이슈가 되는 뉴스를 기억하고 자신의 생각을 반영하여 정리한다.
- 찬반토론에 대비한 주제를 목록으로 정리하여 자신의 논리를 내세운 예상답변을 작성한다.

 ㉡ 면접장에서 유념할 사항
- **질문의 의도 파악** : 답변을 할 때에는 질문 의도를 파악하고 그에 충실한 답변이 될 수 있도록 질문사항을 유념해야 한다. 많은 지원자가 하는 실수 중 하나로 답변을 하는 도중 자기 말에 심취되어 질문의 의도와 다른 답변을 하거나 자신이 알고 있는 지식만을 나열하는 경우가 있는데, 이럴 경우 의사소통능력이 부족한 사람으로 인식될 수 있으므로 주의하도록 한다.
- **답변은 두괄식** : 답변을 할 때에는 두괄식으로 결론을 먼저 말하고 그 이유를 설명하는 것이 좋다. 미괄식으로 답변을 할 경우 용두사미의 답변이 될 가능성이 높으며, 결론을 이끌어 내는 과정에서 논리성이 결여될 우려가 있다. 또한 면접관이 결론을 듣기 전에 말을 끊고 다른 질문을 추가하는 예상치 못한 상황이 발생될 수 있으므로 답변은 자신이 전달하고자 하는 바를 먼저 밝히고 그에 대한 설명을 하는 것이 좋다.

- 지원한 회사의 기업정신과 인재상을 기억 : 답변을 할 때에는 회사가 원하는 인재라는 인상을 심어주기 위해 지원한 회사의 기업정신과 인재상 등을 염두에 두고 답변을 하는 것이 좋다. 모든 회사에 해당되는 두루뭉술한 답변보다는 지원한 회사에 맞는 맞춤형 답변을 하는 것이 좋다.
- 나보다는 회사와 사회적 관점에서 답변 : 답변을 할 때에는 자기중심적인 관점을 피하고 좀 더 넓은 시각으로 회사와 국가, 사회적 입장까지 고려하는 인재임을 어필하는 것이 좋다. 자기중심적 시각을 바탕으로 자신의 출세만을 위해 회사에 입사하려는 인상을 심어줄 경우 면접에서 불이익을 받을 가능성이 높다.
- 난처한 질문은 정직한 답변 : 난처한 질문에 답변을 해야 할 때에는 피하기보다는 정면 돌파로 정직하고 솔직하게 답변하는 것이 좋다. 난처한 부분을 감추고 드러내지 않으려 회피하려는 지원자의 모습은 인사담당자에게 입사 후에도 비슷한 상황에 처했을 때 회피할 수도 있다는 우려를 심어줄 수 있다. 따라서 직장생활에 있어 중요한 덕목 중 하나인 정직을 바탕으로 솔직하게 답변을 하도록 한다.

(2) 면접의 종류 및 준비 전략

① 인성면접

   ㉠ 면접 방식 및 판단기준
- 면접 방식 : 인성면접은 면접관이 가지고 있는 개인적 면접 노하우나 관심사에 의해 질문을 실시한다. 주로 입사지원서나 자기소개서의 내용을 토대로 지원동기, 과거의 경험, 미래 포부 등을 이야기하도록 하는 방식이다.
- 판단기준 : 면접관의 개인적 가치관과 경험, 해당 역량의 수준, 경험의 구체성·진실성 등

   ㉡ 특징 : 인성면접은 그 방식으로 인해 역량과 무관한 질문들이 많고 지원자에게 주어지는 면접질문, 시간 등이 다를 수 있다. 또한 입사지원서나 자기소개서의 내용을 토대로 하기 때문에 지원자별 질문이 달라질 수 있다.

ⓒ 예시 문항 및 준비전략

• 예시 문항

> • 3분 동안 자기소개를 해 보십시오.
> • 자신의 장점과 단점을 말해 보십시오.
> • 학점이 좋지 않은데 그 이유가 무엇입니까?
> • 최근에 인상 깊게 읽은 책은 무엇입니까?
> • 회사를 선택할 때 중요시하는 것은 무엇입니까?
> • 일과 개인생활 중 어느 쪽을 중시합니까?
> • 10년 후 자신은 어떤 모습일 것이라고 생각합니까?
> • 휴학 기간 동안에는 무엇을 했습니까?

• 준비전략 : 인성면접은 입사지원서나 자기소개서의 내용을 바탕으로 하는 경우가 많으므로 자신이 작성한 입사지원서와 자기소개서의 내용을 충분히 숙지하도록 한다. 또한 최근 사회적으로 이슈가 되고 있는 뉴스에 대한 견해를 묻거나 시사상식 등에 대한 질문을 받을 수 있으므로 이에 대한 대비도 필요하다. 자칫 부담스러워 보이지 않는 질문으로 가볍게 대답하지 않도록 주의하고 모든 질문에 입사 의지를 담아 성실하게 답변하는 것이 중요하다.

② 발표면접

㉠ 면접 방식 및 판단기준

• 면접 방식 : 지원자가 특정 주제와 관련된 자료를 검토하고 그에 대한 자신의 생각을 면접관 앞에서 주어진 시간 동안 발표하고 추가 질의를 받는 방식으로 진행된다.

• 판단기준 : 지원자의 사고력, 논리력, 문제해결력 등

㉡ 특징 : 발표면접은 지원자에게 과제를 부여한 후, 과제를 수행하는 과정과 결과를 관찰·평가한다. 따라서 과제수행 결과뿐 아니라 수행과정에서의 행동을 모두 평가할 수 있다.

ⓒ 예시 문항 및 준비전략

• 예시 문항

> [신입사원 조기 이직 문제]
> ※ 지원자는 아래에 제시된 자료를 검토한 뒤, 신입사원 조기 이직의 원인을 크게 3가지로 정리하고 이에
>   대한 구체적인 개선안을 도출하여 발표해 주시기 바랍니다.
> ※ 본 과제에 정해진 정답은 없으나 논리적 근거를 들어 개선안을 작성해 주십시오.
>
> > • A기업은 동종업계 유사기업들과 비교해 볼 때, 비교적 높은 재무안정성을 유지하고 있으며 업무강도
> >   가 그리 높지 않은 것으로 외부에 알려져 있음.
> > • 최근 조사결과, 동종업계 유사기업들과 연봉을 비교해 보았을 때 연봉 수준도 그리 나쁘지 않은 편
> >   이라는 것이 확인되었음.
> > • 그러나 지난 3년간 1~2년차 직원들의 이직률이 계속해서 증가하고 있는 추세이며, 경영진 회의에서
> >   최우선 해결과제 중 하나로 거론되었음.
> > • 이에 따라 인사팀에서 현재 1~2년차 사원들을 대상으로 개선되어야 하는 A기업의 조직문화에 대한
> >   설문조사를 실시한 결과, '상명하복식의 의사소통'이 36.7%로 1위를 차지했음.
> > • 이러한 설문조사와 함께, 신입사원 조기 이직에 대한 원인을 분석한 결과 파랑새 증후군, 셀프홀릭
> >   증후군, 피터팬 증후군 등 3가지로 분류할 수 있었음.
> >
> > 〈동종업계 유사기업들과의 연봉 비교〉   〈우리 회사 조직문화 중 개선되었으면 하는 것〉
> >
> >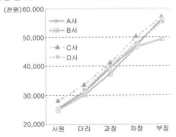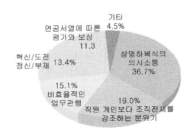
> >
> > 〈신입사원 조기 이직의 원인〉
> > • 파랑새 증후군
> > -현재의 직장보다 더 좋은 직장이 있을 것이라는 막연한 기대감으로 끊임없이 새로운 직장을 탐색함.
> > -학력 수준과 맞지 않는 '하향지원', 전공과 적성을 고려하지 않고 일단 취업하고 보자는 '묻지마 지원'
> >   이 파랑새 증후군을 초래함.
> > • 셀프홀릭 증후군
> > -본인의 역량에 비해 가치가 낮은 일을 주로 하면서 갈등을 느낌.
> > • 피터팬 증후군
> > -기성세대의 문화를 무조건 수용하기보다는 자유로움과 변화를 추구함.
> > -상명하복, 엄격한 규율 등 기성세대가 당연시하는 관행에 거부감을 가지며 직장에 답답함을 느낌.

- 준비전략 : 발표면접의 시작은 과제 안내문과 과제 상황, 과제 자료 등을 정확하게 이해하는 것에서 출발한다. 과제 안내문을 침착하게 읽고 제시된 주제 및 문제와 관련된 상황의 맥락을 파악한 후 과제를 검토한다. 제시된 기사나 그래프 등을 충분히 활용하여 주어진 문제를 해결할 수 있는 해결책이나 대안을 제시하며, 발표를 할 때에는 명확하고 자신 있는 태도로 전달할 수 있도록 한다.

③ 토론면접

ⓐ 면접 방식 및 판단기준
- 면접 방식 : 상호갈등적 요소를 가진 과제 또는 공통의 과제를 해결하는 내용의 토론 과제를 제시하고, 그 과정에서 개인 간의 상호작용 행동을 관찰하는 방식으로 면접이 진행된다.
- 판단기준 : 팀워크, 적극성, 갈등 조정, 의사소통능력, 문제해결능력 등

ⓑ 특징 : 토론을 통해 도출해 낸 최종안의 타당성도 중요하지만, 결론을 도출해 내는 과정에서의 의사소통능력이나 갈등상황에서 의견을 조정하는 능력 등이 중요하게 평가되는 특징이 있다.

ⓒ 예시 문항 및 준비전략
- 예시 문항

> - 군 가산점제 부활에 대한 찬반토론
> - 담뱃값 인상에 대한 찬반토론
> - 비정규직 철폐에 대한 찬반토론
> - 대학의 영어 강의 확대 찬반토론
> - 워크숍 장소 선정을 위한 토론

- 준비전략 : 토론면접은 무엇보다 팀워크와 적극성이 강조된다. 따라서 토론과정에 적극적으로 참여하며 자신의 의사를 분명하게 전달하며, 갈등상황에서 자신의 의견만 내세울 것이 아니라 다른 지원자의 의견을 경청하고 배려하는 모습도 중요하다. 갈등상황을 일목요연하게 정리하여 조정하는 등의 의사소통능력을 발휘하는 것도 좋은 전략이 될 수 있다.

④ 상황면접

ⓐ 면접 방식 및 판단기준
- 면접 방식 : 상황면접은 직무 수행 시 접할 수 있는 상황들을 제시하고, 그러한 상황에서 어떻게 행동할 것인지를 이야기하는 방식으로 진행된다.
- 판단기준 : 해당 상황에 적절한 역량의 구현과 구체적 행동지표

ⓛ 특징 : 실제 직무 수행 시 접할 수 있는 상황들을 제시하므로 입사 이후 지원자의 업무수행능력을 평가하는 데 적절한 면접 방식이다. 또한 지원자의 가치관, 태도, 사고방식 등의 요소를 통합적으로 평가하는 데 용이하다.

ⓒ 예시 문항 및 준비전략

• 예시 문항

> 당신은 생산관리팀의 팀원으로, 생산팀이 기한에 맞춰 효율적으로 제품을 생산할 수 있도록 관리하는 역할을 맡고 있습니다. 3개월 뒤에 제품A를 정상적으로 출시하기 위해 생산팀의 생산 계획을 수립한 상황입니다. 그러나 원가가 곧 실적으로 이어지는 구매팀에서는 최대한 원가를 줄여 전반적 단가를 낮추려고 원가절감을 위한 제안을 하였으나, 연구개발팀에서는 구매팀이 제안한 방식으로 제품을 생산할 경우 대부분이 구매팀의 실적으로 산정될 것이므로 제대로 확인도 해보지 않은 채 적합하지 않은 방식이라고 판단하고 있습니다. 당신은 어떻게 하겠습니까?

• 준비전략 : 상황면접은 먼저 주어진 상황에서 핵심이 되는 문제가 무엇인지를 파악하는 것에서 시작한다. 주질문과 세부질문을 통하여 질문의 의도를 파악하였다면, 그에 대한 구체적인 행동이나 생각 등에 대해 응답할수록 높은 점수를 얻을 수 있다.

⑤ 역할면접

㉠ 면접 방식 및 판단기준

• 면접 방식 : 역할면접 또는 역할연기 면접은 기업 내 발생 가능한 상황에서 부딪히게 되는 문제와 역할을 가상적으로 설정하여 특정 역할을 맡은 사람과 상호작용하고 문제를 해결해 나가도록 하는 방식으로 진행된다. 역할연기 면접에서는 면접관이 직접 역할연기를 하면서 지원자를 관찰하기도 하지만, 역할연기 수행만 전문적으로 하는 사람을 투입할 수도 있다.

• 판단기준 : 대처능력, 대인관계능력, 의사소통능력 등

㉡ 특징 : 역할면접은 실제 상황과 유사한 가상 상황에서의 행동을 관찰함으로서 지원자의 성격이나 대처 행동 등을 관찰할 수 있다.

㉢ 예시 문항 및 준비전략

• 예시 문항

> [금융권 역할면접의 예]
> 당신은 ○○은행의 신입 텔러이다. 사람이 많은 월말 오전 한 할아버지(면접관 또는 역할담당자)께서 ○○은행을 사칭한 보이스피싱으로 500만 원을 피해 보았다며 소란을 일으키고 있다. 실제 업무상황이라고 생각하고 상황에 대처해 보시오.

- 준비전략 : 역할연기 면접에서 측정하는 역량은 주로 갈등의 원인이 되는 문제를 해결 하고 제시된 해결방안을 상대방에게 설득하는 것이다. 따라서 갈등해결, 문제해결, 조정·통합, 설득력과 같은 역량이 중요시된다. 또한 갈등을 해결하기 위해서 상대방에 대한 이해도 필수적인 요소이므로 고객 지향을 염두에 두고 상황에 맞게 대처해야 한다.

  역할면접에서는 변별력을 높이기 위해 면접관이 압박적인 분위기를 조성하는 경우가 많기 때문에 스트레스 상황에서 불안해하지 않고 유연하게 대처할 수 있도록 시간과 노력을 들여 충분히 연습하는 것이 좋다.

2 면접 이미지 메이킹

(1) 성공적인 이미지 메이킹 포인트

① 복장 및 스타일

　㉠ 남성

- 양복 : 양복은 단색으로 하며 넥타이나 셔츠로 포인트를 주는 것이 효과적이다. 짙은 회색이나 감청색이 가장 단정하고 품위 있는 인상을 준다.
- 셔츠 : 흰색이 가장 선호되나 자신의 피부색에 맞추는 것이 좋다. 푸른색이나 베이지색은 산뜻한 느낌을 줄 수 있다. 양복과의 배색도 고려하도록 한다.
- 넥타이 : 의상에 포인트를 줄 수 있는 아이템이지만 너무 화려한 것은 피한다. 지원자의 피부색은 물론, 정장과 셔츠의 색을 고려하며, 체격에 따라 넥타이 폭을 조절하는 것이 좋다.
- 구두 & 양말 : 구두는 검정색이나 짙은 갈색이 어느 양복에나 무난하게 어울리며 깔끔하게 닦아 준비한다. 양말은 정장과 동일한 색상이나 검정색을 착용한다.
- 헤어스타일 : 머리스타일은 단정한 느낌을 주는 짧은 헤어스타일이 좋으며 앞머리가 있다면 이마나 눈썹을 가리지 않는 선에서 정리하는 것이 좋다.

ⓛ 여성

- 의상 : 단정한 스커트 투피스 정장이나 슬랙스 슈트가 무난하다. 블랙이나 그레이, 네이비, 브라운 등 차분해 보이는 색상을 선택하는 것이 좋다.
- 소품 : 구두, 핸드백 등은 같은 계열로 코디하는 것이 좋으며 구두는 너무 화려한 디자인이나 굽이 높은 것을 피한다. 스타킹은 의상과 구두에 맞춰 단정한 것으로 선택한다.
- 액세서리 : 액세서리는 너무 크거나 화려한 것은 좋지 않으며 과하게 많이 하는 것도 좋은 인상을 주지 못한다. 착용하지 않거나 작고 깔끔한 디자인으로 포인트를 주는 정도가 적당하다.
- 메이크업 : 화장은 자연스럽고 밝은 이미지를 표현하는 것이 좋으며 진한 색조는 인상이 강해 보일 수 있으므로 피한다.
- 헤어스타일 : 커트나 단발처럼 짧은 머리는 활동적이면서도 단정한 이미지를 줄 수 있도록 정리한다. 긴 머리의 경우 하나로 묶거나 단정한 머리망으로 정리하는 것이 좋으며, 짙은 염색이나 화려한 웨이브는 피한다.

② 인사

ⓐ 인사의 의미 : 인사는 예의범절의 기본이며 상대방의 마음을 여는 기본적인 행동이라고 할 수 있다. 인사는 처음 만나는 면접관에게 호감을 살 수 있는 가장 쉬운 방법이 될 수 있기도 하지만 제대로 예의를 지키지 않으면 지원자의 인성 전반에 대한 평가로 이어질 수 있으므로 각별히 주의해야 한다.

ⓛ 인사의 핵심 포인트

- 인사말 : 인사말을 할 때에는 밝고 친근감 있는 목소리로 하며, 자신의 이름과 수험번호 등을 간략하게 소개한다.
- 시선 : 인사는 상대방의 눈을 보며 하는 것이 중요하며 너무 빤히 쳐다본다는 느낌이 들지 않도록 주의한다.
- 표정 : 인사는 마음에서 우러나오는 존경이나 반가움을 표현하고 예의를 차리는 것이므로 살짝 미소를 지으며 하는 것이 좋다.
- 자세 : 인사를 할 때에는 가볍게 목만 숙인다거나 흐트러진 상태에서 인사를 하지 않도록 주의하며 절도 있고 확실하게 하는 것이 좋다.

③ 시선처리와 표정, 목소리

   ⊙ **시선처리와 표정**: 표정은 면접에서 지원자의 첫인상을 결정하는 중요한 요소이다. 얼굴표정은 사람의 감정을 가장 잘 표현할 수 있는 의사소통 도구로 표정 하나로 상대방에게 호감을 주거나, 비호감을 사기도 한다. 호감이 가는 인상의 특징은 부드러운 눈썹, 자연스러운 미간, 적당히 볼록한 광대, 올라간 입 꼬리 등으로 가볍게 미소를 지을 때의 표정과 일치한다. 따라서 면접 중에는 밝은 표정으로 미소를 지어 호감을 형성할 수 있도록 한다. 시선은 면접관과 고르게 맞추되 생기 있는 눈빛을 띄도록 하며, 너무 빤히 쳐다본다는 인상을 주지 않도록 한다.

   ⓛ **목소리**: 면접은 주로 면접관과 지원자의 대화로 이루어지므로 목소리가 미치는 영향이 상당하다. 답변을 할 때에는 부드러우면서도 활기차고 생동감 있는 목소리로 하는 것이 면접관에게 호감을 줄 수 있으며 적당한 제스처가 더해진다면 상승효과를 얻을 수 있다. 그러나 적절한 답변을 하였음에도 불구하고 콧소리나 날카로운 목소리, 자신감 없는 작은 목소리는 답변의 신뢰성을 떨어뜨릴 수 있으므로 주의하도록 한다.

④ 자세

   ⊙ **걷는 자세**

- 면접장에 입실할 때에는 상체를 곧게 유지하고 발끝은 평행이 되게 하며 무릎을 스치듯 11자로 걷는다.
- 시선은 정면을 향하고 턱은 가볍게 당기며 어깨나 엉덩이가 흔들리지 않도록 주의한다.
- 발바닥 전체가 닿는 느낌으로 안정감 있게 걸으며 발소리가 나지 않도록 주의한다.
- 보폭은 어깨넓이만큼이 적당하지만, 스커트를 착용했을 경우 보폭을 줄인다.
- 걸을 때도 미소를 유지한다.

   ⓛ **서있는 자세**

- 몸 전체를 곧게 펴고 가슴을 자연스럽게 내민 후 등과 어깨에 힘을 주지 않는다.
- 정면을 바라본 상태에서 턱을 약간 당기고 아랫배에 힘을 주어 당기며 바르게 선다.
- 양 무릎과 발뒤꿈치는 붙이고 발끝은 11자 또는 V형을 취한다.
- 남성의 경우 팔을 자연스럽게 내리고 양손을 가볍게 쥐어 바지 옆선에 붙이고, 여성의 경우 공수자세를 유지한다.

ⓒ 앉은 자세

- 남성

> - 의자 깊숙이 앉고 등받이와 등 사이에 주먹 1개 정도의 간격을 두며 기대듯 앉지 않도록 주의한다. (남녀 공통 사항)
> - 무릎 사이에 주먹 2개 정도의 간격을 유지하고 발끝은 11자를 취한다.
> - 시선은 정면을 바라보며 턱은 가볍게 당기고 미소를 짓는다. (남녀 공통 사항)
> - 양손은 가볍게 주먹을 쥐고 무릎 위에 올려놓는다.
> - 앉고 일어날 때에는 자세가 흐트러지지 않도록 주의한다. (남녀 공통 사항)

- 여성

> - 스커트를 입었을 경우 왼손으로 뒤쪽 스커트 자락을 누르고 오른손으로 앞쪽 자락을 누르며 의자에 앉는다.
> - 무릎은 붙이고 발끝을 가지런히 하며, 양손을 모아 무릎 위에 놓는다.

(2) 면접 예절

① 행동 관련 예절

ⓐ **지각은 절대금물** : 시간을 지키는 것은 예절의 기본이다. 지각을 할 경우 면접에 응시할 수 없거나, 면접 기회가 주어지더라도 불이익을 받을 가능성이 높아진다. 따라서 면접장소가 결정되면 교통편과 소요시간을 확인하고 가능하다면 사전에 미리 방문해 보는 것도 좋다. 면접 당일에는 서둘러 출발하여 면접 시간 20~30분 전에 도착하여 회사를 둘러보고 환경에 익숙해지는 것도 성공적인 면접을 위한 요령이 될 수 있다.

ⓑ **면접 대기 시간** : 지원자들은 대부분 면접장에서의 행동과 답변 등으로만 평가를 받는다고 생각하지만 그렇지 않다. 면접관이 아닌 면접진행자 역시 대부분 인사실무자이며 면접관이 면접 후 지원자에 대한 평가에 있어 확신을 위해 면접진행자의 의견을 구한다면 면접진행자의 의견이 당락에 영향을 줄 수 있다. 따라서 면접 대기 시간에도 행동과 말을 조심해야 하며, 면접을 마치고 돌아가는 순간까지도 긴장을 늦춰서는 안 된다. 면접 중 압박적인 질문에 답변을 잘 했지만, 면접장을 나와 흐트러진 모습을 보이거나 욕설을 한다면 면접 탈락의 요인이 될 수 있으므로 주의해야 한다.

ⓒ **입실 후 태도** : 본인의 차례가 되어 호명되면 또렷하게 대답하고 들어간다. 만약 면접장 문이 닫혀 있다면 상대에게 소리가 들릴 수 있을 정도로 노크를 두세 번 한 후 대답을 듣고 나서 들어가야 한다. 문을 여닫을 때에는 소리가 나지 않게 조용히 하며 공손한 자세로 인사한 후 성명과 수험번호를 말하고 면접관의 지시에 따라 자리에 앉는다. 이 경우 착석하라는 말이 없는데 먼저 의자에 앉으면 무례한 사람으로 보일 수 있으므로 주의한다. 의자에 앉을 때에는 끝에 앉지 말고 무릎 위에 양손을 가지런히 얹는 것이 예절이라고 할 수 있다.

ⓔ **옷매무새를 자주 고치지 마라.** : 일부 지원자의 경우 옷매무새 또는 헤어스타일을 자주 고치거나 확인하기도 하는데 이러한 모습은 과도하게 긴장한 것 같아 보이거나 면접에 집중하지 못하는 것으로 보일 수 있다. 남성 지원자의 경우 넥타이를 자꾸 고쳐 맨다거나 정장 상의 끝을 너무 자주 만지작거리지 않는다. 여성 지원자는 머리를 계속 쓸어 올리지 않고, 특히 짧은 치마를 입고서 신경이 쓰여 치마를 끌어 내리는 행동은 좋지 않다.

ⓜ **다리를 떨거나 산만한 시선은 면접 탈락의 지름길** : 자신도 모르게 다리를 떨거나 손가락을 만지는 등의 행동을 하는 지원자가 있는데, 이는 면접관의 주의를 끌 뿐만 아니라 불안하고 산만한 사람이라는 느낌을 주게 된다. 따라서 가능한 한 바른 자세로 앉아 있는 것이 좋다. 또한 면접관과 시선을 맞추지 못하고 여기저기 둘러보는 듯한 산만한 시선은 지원자가 거짓말을 하고 있다고 여겨지거나 신뢰할 수 없는 사람이라고 생각될 수 있다.

② 답변 관련 예절

ⓖ **면접관이나 다른 지원자와 가치 논쟁을 하지 않는다.** : 질문을 받고 답변하는 과정에서 면접관 또는 다른 지원자의 의견과 다른 의견이 있을 수 있다. 특히 평소 지원자가 관심이 많은 문제이거나 잘 알고 있는 문제인 경우 자신과 다른 의견에 대해 이의가 있을 수 있다. 하지만 주의할 것은 면접에서 면접관이나 다른 지원자와 가치 논쟁을 할 필요는 없다는 것이며 오히려 불이익을 당할 수도 있다. 정답이 정해져 있지 않은 경우에는 가치관이나 성장배경에 따라 문제를 받아들이는 태도에서 답변까지 충분히 차이가 있을 수 있으므로 굳이 면접관이나 다른 지원자의 가치관을 지적하고 고치려 드는 것은 좋지 않다.

ⓒ 답변은 항상 정직해야 한다. : 면접이라는 것이 아무리 지원자의 장점을 부각시키고 단점을 축소시키는 것이라고 해도 절대로 거짓말을 해서는 안 된다. 거짓말을 하게 되면 지원자는 불안하거나 꺼림칙한 마음이 들게 되어 면접에 집중을 하지 못하게 되고 수많은 지원자를 상대하는 면접관은 그것을 놓치지 않는다. 거짓말은 그 지원자에 대한 신뢰성을 떨어뜨리며 이로 인해 다른 스펙이 아무리 훌륭하다고 해도 채용에서 탈락하게 될 수 있음을 명심하도록 한다.

ⓒ 경력직을 경우 전 직장에 대해 험담하지 않는다. : 지원자가 전 직장에서 무슨 업무를 담당했고 어떤 성과를 올렸는지는 면접관이 관심을 둘 사항일 수 있지만, 이전 직장의 기업문화나 상사들이 어땠는지는 그다지 궁금해 하는 사항이 아니다. 전 직장에 대해 험담을 늘어놓는다든가, 동료와 상사에 대한 악담을 하게 된다면 오히려 지원자에 대한 부정적인 이미지만 심어줄 수 있다. 만약 전 직장에 대한 말을 해야 할 경우가 생긴다면 가능한 한 객관적으로 이야기하는 것이 좋다.

ⓔ 자기 자신이나 배경에 대해 자랑하지 않는다. : 자신의 성취나 부모 형제 등 집안사람들이 사회·경제적으로 어떠한 위치에 있는지에 대한 자랑은 면접관으로 하여금 지원자에 대해 오만한 사람이거나 배경에 의존하려는 나약한 사람이라는 이미지를 갖게 할 수 있다. 따라서 자기 자신이나 배경에 대해 자랑하지 않도록 하고, 자신이 한 일에 대해서 너무 자세하게 얘기하지 않도록 주의해야 한다.

3 면접 질문 및 답변 포인트

(1) 가족 및 대인관계에 관한 질문

① 당신의 가정은 어떤 가정입니까?
면접관들은 지원자의 가정환경과 성장과정을 통해 지원자의 성향을 알고 싶어 이와 같은 질문을 한다. 비록 가정 일과 사회의 일이 완전히 일치하는 것은 아니지만 '가화만사성'이라는 말이 있듯이 가정이 화목해야 사회에서도 화목하게 지낼 수 있기 때문이다. 그러므로 답변 시에는 가족사항을 정확하게 설명하고 집안의 분위기와 특징에 대해 이야기하는 것이 좋다.

② 아버지의 직업은 무엇입니까?

아주 기본적인 질문이지만 지원자는 아버지의 직업과 내가 무슨 관련성이 있을까 생각하기 쉬워 포괄적인 답변을 하는 경우가 많다. 그러나 이는 바람직하지 않은 것으로 단답형으로 답변하면 세부적인 직종 및 근무연한 등을 물을 수 있으므로 모든 걸 한 번에 대답하는 것이 좋다.

③ 친구 관계에 대해 말해 보십시오.

지원자의 인간성을 판단하는 질문으로 교우관계를 통해 답변자의 성격과 대인관계능력을 파악할 수 있다. 새로운 환경에 적응을 잘하여 새로운 친구들이 많은 것도 좋지만, 깊고 오래 지속되어온 인간관계를 말하는 것이 더욱 바람직하다.

(2) 성격 및 가치관에 관한 질문

① 당신의 PR포인트를 말해 주십시오.

PR포인트를 말할 때에는 지나치게 겸손한 태도는 좋지 않으며 적극적으로 자기를 주장하는 것이 좋다. 앞으로 입사 후 하게 될 업무와 관련된 자기의 특성을 구체적인 일화를 더하여 이야기하도록 한다.

② 당신의 장·단점을 말해 보십시오.

지원자의 구체적인 장·단점을 알고자 하기 보다는 지원자가 자기 자신에 대해 얼마나 알고 있으며 어느 정도의 객관적인 분석을 하고 있나, 그리고 개선의 노력 등을 시도하는지를 파악하고자 하는 것이다. 따라서 장점을 말할 때는 업무와 관련된 장점을 뒷받침할 수 있는 근거와 함께 제시하며, 단점을 이야기할 때에는 극복을 위한 노력을 반드시 포함해야 한다.

③ 가장 존경하는 사람은 누구입니까?

존경하는 사람을 말하기 위해서는 우선 그 인물에 대해 알아야 한다. 잘 모르는 인물에 대해 존경한다고 말하는 것은 면접관에게 바로 지적당할 수 있으므로, 추상적이라도 좋으니 평소에 존경스럽다고 생각했던 사람에 대해 그 사람의 어떤 점이 좋고 존경스러운지 대답하도록 한다. 또한 자신에게 어떤 영향을 미쳤는지도 언급하면 좋다.

(3) 학교생활에 관한 질문

① 지금까지의 학교생활 중 가장 기억에 남는 일은 무엇입니까?

가급적 직장생활에 도움이 되는 경험을 이야기하는 것이 좋다. 또한 경험만을 간단하게 말하지 말고 그 경험을 통해서 얻을 수 있었던 교훈 등을 예시와 함께 이야기하는 것이 좋으나 너무 상투적인 답변이 되지 않도록 주의해야 한다.

② 성적은 좋은 편이었습니까?

면접관은 이미 서류심사를 통해 지원자의 성적을 알고 있다. 그럼에도 불구하고 이 질문을 하는 것은 지원자가 성적에 대해서 어떻게 인식하느냐를 알고자 하는 것이다. 성적이 나빴던 이유에 대해서 변명하려 하지 말고 담백하게 받아드리고 그것에 대한 개선노력을 했음을 밝히는 것이 적절하다.

③ 학창시절에 시위나 집회 등에 참여한 경험이 있습니까?

기업에서는 노사분규를 기업의 사활이 걸린 중대한 문제로 인식하고 거시적인 차원에서 접근한다. 이러한 기업문화를 제대로 인식하지 못하여 학창시절의 시위나 집회 참여 경험을 자랑스럽게 답변할 경우 감점요인이 되거나 심지어는 탈락할 수 있다는 사실에 주의한다. 시위나 집회에 참가한 경험을 말할 때에는 타당성과 정도에 유의하여 답변해야 한다.

(4) 지원동기 및 직업의식에 관한 질문

① 왜 우리 회사를 지원했습니까?

이 질문은 어느 회사나 가장 먼저 물어보고 싶은 것으로 지원자들은 기업의 이념, 대표의 경영능력, 재무구조, 복리후생 등 외적인 부분을 설명하는 경우가 많다. 이러한 답변도 적절하지만 지원 회사의 주력 상품에 관한 소비자의 인지도, 경쟁사 제품과의 시장점유율을 비교하면서 입사동기를 설명한다면 상당히 주목 받을 수 있을 것이다.

② 만약 이번 채용에 불합격하면 어떻게 하겠습니까?

불합격할 것을 가정하고 회사에 응시하는 지원자는 거의 없을 것이다. 이는 지원자를 궁지로 몰아넣고 어떻게 대응하는지를 살펴보며 입사 의지를 알아보려고 하는 것이다. 이 질문은 너무 깊이 들어가지 말고 침착하게 답변하는 것이 좋다.

③ 당신이 생각하는 바람직한 사원상은 무엇입니까?

직장인으로서 또는 조직의 일원으로서의 자세를 묻는 질문으로 지원하는 회사에서 어떤 인재상을 요구하는 가를 알아두는 것이 좋으며, 평소에 자신의 생각을 미리 정리해 두어 당황하지 않도록 한다.

④ 직무상의 적성과 보수의 많음 중 어느 것을 택하겠습니까?

이런 질문에서 회사 측에서 원하는 답변은 당연히 직무상의 적성에 비중을 둔다는 것이다. 그러나 적성만을 너무 강조하다 보면 오히려 솔직하지 못하다는 인상을 줄 수 있으므로 어느 한 쪽을 너무 강조하거나 경시하는 태도는 바람직하지 못하다.

⑤ 상사와 의견이 다를 때 어떻게 하겠습니까?

과거와 다르게 최근에는 상사의 명령에 무조건 따르겠다는 수동적인 자세는 바람직하지 않다. 회사에서는 때에 따라 자신이 판단하고 행동할 수 있는 직원을 원하기 때문이다. 그러나 지나치게 자신의 의견만을 고집한다면 이는 팀원 간의 불화를 야기할 수 있으며 팀 체제에 악영향을 미칠 수 있으므로 선호하지 않는다는 것에 유념하여 답해야 한다.

⑥ 근무지가 지방인데 근무가 가능합니까?

근무지가 지방 중에서도 특정 지역은 되고 다른 지역은 안 된다는 답변은 바람직하지 않다. 직장에서는 순환 근무라는 것이 있으므로 처음에 지방에서 근무를 시작했다고 해서 계속 지방에만 있는 것은 아님을 유의하고 답변하도록 한다.

(5) 여가 활용에 관한 질문

① 취미가 무엇입니까?

기초적인 질문이지만 특별한 취미가 없는 지원자의 경우 대답이 애매할 수밖에 없다. 그래서 가장 많이 대답하게 되는 것이 독서, 영화감상, 혹은 음악감상 등과 같은 흔한 취미를 말하게 되는데 이런 취미는 면접관의 주의를 끌기 어려우며 설사 정말 위와 같은 취미를 가지고 있다하더라도 제대로 답변하기는 힘든 것이 사실이다. 가능하면 독특한 취미를 말하는 것이 좋으며 이제 막 시작한 것이라도 열의를 가지고 있음을 설명할 수 있으면 그것을 취미로 답변하는 것도 좋다.

② 술자리를 좋아합니까?

이 질문은 정말로 술자리를 좋아하는 정도를 묻는 것이 아니다. 우리나라에서는 대부분 술자리가 친교의 자리로 인식되기 때문에 그것에 얼마나 적극적으로 참여할 수 있는 가를 우회적으로 묻는 것이다. 술자리를 싫어한다고 대답하게 되면 원만한 대인관계에 문제가 있을 수 있다고 평가될 수 있으므로 술을 잘 마시지 못하더라도 술자리의 분위기는 즐긴다고 답변하는 것이 좋으며 주량에 대해서는 정확하게 말하는 것이 좋다.

(6) 여성 지원자들을 겨냥한 질문

① 결혼은 언제 할 생각입니까?

지원자가 결혼예정자일 경우 기업은 채용을 꺼리게 되는 경향이 있다. 업무를 어느 정도 인식하고 수행할 정도가 되면 퇴사하는 일이 흔하기 때문이다. 가능하면 향후 몇 년간은 결혼 계획이 없다고 답변하는 것이 현실적인 대처 요령이며, 덧붙여 결혼 후에도 일하고자 하는 의지를 강하게 내보인다면 더욱 도움이 된다.

② 만약 결혼 후 남편이나 시댁에서 직장생활을 그만두라고 강요한다면 어떻게 하겠습니까?

결혼적령기의 여성 지원자들에게 빈번하게 묻는 질문으로 의견 대립이 생겼을 때 상대방을 설득하고 타협하는 능력을 알아보고자 하는 것이다. 따라서 남편이나 시댁과 충분한 대화를 통해 설득하고 계속 근무하겠다는 의지를 밝히는 것이 좋다.

③ 여성의 취업을 어떻게 생각합니까?

여성 지원자들의 일에 대한 열의와 포부를 알고자 하는 질문이다. 많은 기업들이 여성들의 섬세하고 꼼꼼한 업무능력과 감각을 높이 평가하고 있으며, 사회 전반적인 분위기 역시 맞벌이를 이해하고 있으므로 자신의 의지를 당당하고 자신감 있게 밝히는 것이 좋다.

④ 커피나 복사 같은 잔심부름이 주어진다면 어떻게 하겠습니까?

여성 지원자들에게 가장 난감하고 자존심상하는 질문일 수 있다. 이 질문은 여성 지원자에게 잔심부름을 시키겠다는 요구가 아니라 직장생활 중에서의 협동심이나 봉사정신, 직업관을 알아보고자 하는 것이다. 또한 이 과정에서 압박기법을 사용해 비꼬는 투로 말하는 수 있는데 이는 자존심이 상하거나 불쾌해질 때의 행동을 알아보려는 것이다. 이럴 경우 흥분하여 과격하게 답변하면 탈락하게 되며, 무조건 열심히 하겠다는 대답도 신뢰성이 없는 답변이다. 직장생활을 위해 필요한 일이면 할 수 있다는 정도의 긍정적인 답변을 하되, 한 사람의 사원으로서 당당함을 유지하는 것이 좋다.

(7) 지원자를 당황하게 하는 질문

① 성적이 좋지 않은데 이 정도의 성적으로 우리 회사에 입사할 수 있다고 생각합니까?

비록 자신의 성적이 좋지 않더라도 이미 서류심사에 통과하여 면접에 참여하였다면 기업에서는 지원자의 성적보다 성적 이외의 요소, 즉 성격·열정 등을 높이 평가했다는 것이라고 할 수 있다. 그러나 이런 질문을 받게 되면 지원자는 당황할 수 있으나 주눅 들지 말고 침착하게 대처하는 면모를 보인다면 더 좋은 인상을 남길 수 있다.

② 우리 회사 회장님 함자를 알고 있습니까?

회장이나 사장의 이름을 조사하는 것은 면접일을 통고받았을 때 이미 사전 조사되었어야 하는 사항이다. 단답형으로 이름만 말하기보다는 그 기업에 입사를 희망하는 지원자의 입장에서 답변하는 것이 좋다.

③ 당신은 이 회사에 적합하지 않은 것 같군요.

이 질문은 지원자의 입장에서 상당히 곤혹스러울 수밖에 없다. 질문을 듣는 순간 그렇다면 면접은 왜 참가시킨 것인가 하는 생각이 들 수도 있다. 하지만 당황하거나 흥분하지 말고 침착하게 자신의 어떤 면이 회사에 적당하지 않은지 겸손하게 물어보고 지적당한 부분에 대해서 고치겠다는 의지를 보인다면 오히려 자신의 능력을 어필할 수 있는 기회로 사용할 수도 있다.

④ 다시 공부할 계획이 있습니까?

이 질문은 지원자가 합격하여 직장을 다니다가 공부를 더 하기 위해 회사를 그만 두거나 학습에 더 관심을 두어 일에 대한 능률이 저하될 것을 우려하여 묻는 것이다. 이때에는 당연히 학습보다는 일을 강조해야 하며, 업무 수행에 필요한 학습이라면 업무에 지장이 없는 범위에서 야간학교를 다니거나 회사에서 제공하는 연수 프로그램 등을 활용하겠다고 답변하는 것이 적당하다.

⑤ 지원한 분야가 전공한 분야와 다른데 여기 일을 할 수 있겠습니까?

수험생의 입장에서 본다면 지원한 분야와 전공이 다르지만 서류전형과 필기전형에 합격하여 면접을 보게 된 경우라고 할 수 있다. 이는 결국 해당 회사의 채용 방침상 전공에 크게 영향을 받지 않는다는 것이므로 무엇보다 자신이 전공하지는 않았지만 어떤 업무도 적극적으로 임할 수 있다는 자신감과 능동적인 자세를 보여주도록 노력하는 것이 좋다.

02 면접기출

1 서민금융진흥원 면접기출

① 1분간 자기소개를 해 보시오.

② 본원에 지원한 계기는 무엇입니까?

③ 본원에 대해 아는 대로 말해 보시오.

④ 일하면서 힘든 일이 생기면 어떻게 극복할 것인지 말해 보시오.

⑤ 자신의 컴퓨터 활용능력은 어느 정도인지 말해 보시오.

⑥ 전공과 지원직무의 접점이 무엇인가?

⑦ 자신이 가장 잘 할 수 있는 것은 무엇인가? 자신을 한 마디로 표현한다면?

⑧ 지금부터 3년 전엔 무슨 일을 하고 있었나? 현재 그 때보다 발전한 것이 있다면 무엇인가?

⑨ 자신만의 스트레스 해소 방법이 있다면 무엇이 있는가?

⑩ 상사와 갈등상황이 발생한다면 어떻게 할 것인가?

⑪ 1조 원이 있다면 어떻게 운용할 것인가?

⑫ 본원의 직원으로 가장 필요한 덕목은 무엇이라고 생각하는가?

⑬ 상사가 본인 담당 업무가 아닌 다른 업무를 주었을 때 어떻게 할 것인가?

⑭ 입사 후 직원들과 어울리기 위해서 어떻게 노력할 것인가?

⑮ 꼭 가고 싶었던 공연 예매를 해 두었는데 갑자기 야근을 하는 상황이 되었다면 어떻게 하겠는가?

⑯ 창의적인 아이디어로 문제를 해결한 경험이 있다면 말해 보시오.

⑰ 공공기관의 사회적 책임은 무엇이라고 생각하는가?

⑱ 본원에 입사하기 위해 이렇게까지 노력해 봤다 하는 것이 있다면 무엇인가?

⑲ 본원에서 운용하고 있는 대출 상품 중 아는 것이 있다면 말해 보시오.

⑳ 본원과 관련된 교육을 기획한다면 어떤 방향으로 할 것인가?

㉑ 고객이 부당한 이유로 클레임을 할 경우 어떻게 대처할 것인가?

㉒ 까다로운 고객과 통화를 위한 자신만의 기술이 있다면 말해 보시오.

㉓ 입사 후 직무 계획에 대해 5분간 발표해 보시오. (PT 면접)

2 공기업 면접기출

① 상사가 부정한 일로 자신의 이득을 취하고 있다. 이를 인지하게 되었을 때 자신이라면 어떻게 행동할 것인가?

② 본인이 했던 일 중 가장 창의적이었다고 생각하는 경험에 대해 말해보시오.

③ 직장 생활 중 적성에 맞지 않는다고 느낀다면 다른 일을 찾을 것인가? 아니면 참고 견뎌내겠는가?

④ 자신만의 특별한 취미가 있는가? 그것을 업무에서 활용할 수 있다고 생각하는가?

⑤ 면접을 보러 가는 길인데 신호등이 빨간불이다. 시간이 매우 촉박한 상황인데, 무단횡단을 할 것인가?

⑥ 원하는 직무에 배치 받지 못할 경우 어떻게 행동할 것인가?

⑦ 상사와 종교·정치에 대한 대화를 하던 중 본인의 생각과 크게 다른 경우 어떻게 하겠는가?

⑧ 타인과 차별화 될 수 있는 자신만의 장점 및 역량은 무엇인가?

⑨ 자격증을 한 번에 몰아서 취득했는데 힘들지 않았는가?

⑩ 오늘 경제신문 첫 면의 기사에 대해 브리핑 해보시오.

⑪ 무상급식 전국실시에 대한 본인의 의견을 말하시오.

⑫ 타인과 차별화 될 수 있는 자신만의 장점 및 역량은 무엇인가?

⑬ 외국인 노동자와 비정규직에 대한 자신의 의견을 말해보시오.

⑭ 장래에 자녀를 낳는다면 주말 계획은 자녀와 자신 중 어느 쪽에 맞춰서 할 것인가?

⑮ 공사 진행과 관련하여 민원인과의 마찰이 생기면 어떻게 대응하겠는가?

⑯ 직장 상사가 나보다 다섯 살 이상 어리면 어떤 기분이 들겠는가?

⑰ 현재 심각한 취업난인 반면 중소기업은 인력이 부족하다는데 어떻게 생각하는가?

⑱ 영어 자기소개, 영어 입사동기

⑲ 지방이나 오지 근무에 대해서 어떻게 생각하는가?

⑳ 상사에게 부당한 지시를 받으면 어떻게 행동하겠는가?

㉑ 최근 주의 깊게 본 시사 이슈는 무엇인가?

㉒ 자신만의 스트레스 해소법이 있다면 말해보시오.

㉓ 방사능 유출에 대한 획기적인 대책을 제시해보시오.

㉔ 고준위 폐기물 재처리는 어떻게 하는 것이 바람직하다고 생각하는가?

서원각과 함께

꿈의 날개를 펴다

기업체 시리즈

한국전기안전공사

LH한국토지주택공사

한국승강기안전공단

공항철도